国家中职示范校
优质核心专业课程系列教材

〇一二基地高级技工学校
陕西航空技师学院　国家中职示范校建设项目

6S管理入门教程

◎主编　毛洪涛　卢　强
◎参编　李　军　李　磊　李　鹏　廖毅飞
◎主审　付　延

西安交通大学出版社
XI'AN JIAOTONG UNIVERSITY PRESS

内容提要

6S管理是打造具有竞争力的企业、建设一流素质员工队伍的先进的基础管理手段。目前全球有65%的大型企业都在广泛地推行6S管理。

针对职业学校的毕业生走出学校即要进入企业，甚至在籍学生第三学年就要进入企业进行顶岗实习的特点，本着"工业文化进课堂，企业文化进校园"这一教学理念，经过几年的他所实践，我们编撰整理了这本《6S管理入门教程》。希望通过6S基本知识的讲授和实践活动的开展，能够使学生的综合素质的得到提升，尽快融入到6S管理理念所带来的企业文化中去，更快的适应岗位要求。

图书在版编目（CIP）数据

6S管理入门教程/毛洪涛　卢强主编.—西安：西安交通大学出版社，2014.8（2022.7重印）
ISBN 978-7-5605-6558-3

Ⅰ.①6… Ⅱ.①毛… ②卢… Ⅲ.① 企业管理—教材 Ⅳ.①F270

中国版本图书馆 CIP 数据核字（2014）第180732号

书　　　名	6S管理入门教程
主　　　编	毛洪涛　卢　强
策划编辑	曹　昳
责任编辑	杨　璠　张文清
出版发行	西安交通大学出版社
	（西安市兴庆南路1号　邮政编码710048）
网　　　址	http://www.xjtupress.com
电　　　话	（029）82668357　82667874（市场营销中心）
	（029）82668315（总编办）
传　　　真	（029）82668280
印　　　刷	西安五星印刷有限公司
开　　　本	880 mm×1230 mm　1/16　印张 8.5　字数 122千字
版次印次	2014年9月第1版　2022年7月第2次印刷
书　　　号	ISBN 978-7-5605-6558-3
定　　　价	26.90元

如发现印装质量问题，请与本社市场营销中心联系。
订购热线：（029）82665248　　（029）82667874
投稿热线：（029）82668804　　QQ：8377981
读者信箱：lg_book@163.com

版权所有　侵权必究

○一二基地高级技工学校
陕西航空技师学院

国家中职示范校建设项目

― **优质核心专业课程系列教材编委会** ―

顾　问：雷宝岐　李西安　张春生
主　任：李　涛
副主任：毛洪涛　刘长林　刘万成　时　斌
　　　　张卫军　庞树庆　杨　琳　曹　昳
委　员：付　延　尹燕军　杨海东　谢　玲　黄　冰
　　　　殷大鹏　洪世颖*　杜应开*　杨青海*　李晓军*
　　　　何含江*　胡伟雄*　王再平*

（注：标注有*的人员为企业专家）

《6S管理入门教程》编写组

主　编：毛洪涛　卢　强
参　编：李　军　李　磊　李　鹏　廖毅飞
主　审：付　延

目录 Contents

绪　论 ·· 001

第一章　整理 ··· 013

　　1.1　什么是整理 ·· 014
　　1.2　现场检查的实施 ·· 017
　　1.3　如何区分必要品与非必要品 ·· 019
　　1.4　清除非必需品 ··· 023
　　1.5　处理非必需品 ··· 026
　　1.6　实践活动 ··· 030

第二章　整顿 ··· 031

　　2.1　什么是整顿 ·· 032
　　2.2　整顿的目的及意义 ··· 033
　　2.3　学生宿舍整顿的要求与目标 ··· 034
　　2.4　实习、教学现场整顿的要求与目标 ··· 035
　　2.5　办公场所整顿的要求与目标 ··· 038
　　2.6　实践活动：个人物品柜整顿竞赛 ··· 040

第三章　清洁 ··· 041

　　3.1　什么是清洁 ·· 042
　　3.2　清洁的目的及意义 ··· 042
　　3.3　清洁的实施 ·· 044
　　3.4　学生宿舍清洁的要求与目标 ··· 046
　　3.5　实习、教学现场清洁的要求与目标 ··· 047
　　3.6　办公区域清洁要求 ··· 048
　　3.7　实践活动：教室卫生大清洁 ··· 050

第四章　规范 ··· 051

　　4.1　什么是规范 ·· 052

目录 Contents

　　4.2 规范的注意点 …………………………………………………… 052
　　4.3 办公室规范八大要点 …………………………………………… 054
　　4.4 实践活动：制定班级学生操行规则 …………………………… 058

第五章　素养 ……………………………………………………………… 059
　　5.1 什么是素养 ……………………………………………………… 060
　　5.2 培养良好素养的目的及意义 …………………………………… 060
　　5.3 提高中职学生综合素养的方法和途径 ………………………… 062
　　5.4 实践活动：共同制定方案，培育良好的班级文化 …………… 064

第六章　安全 ……………………………………………………………… 065
　　6.1 什么是安全 ……………………………………………………… 066
　　6.2 做好安全监督 …………………………………………………… 066
　　6.3 开展安全教育 …………………………………………………… 072
　　6.4 做好安全识别 …………………………………………………… 075
　　6.5 服装、劳保用品 ………………………………………………… 081
　　6.6 确保机械设备的安全 …………………………………………… 090
　　6.7 作业环境的安全性 ……………………………………………… 091
　　6.8 消防安全 ………………………………………………………… 093
　　6.9 安全检查 ………………………………………………………… 103
　　6.10 实践活动：创建安全的教室、宿舍 ………………………… 104

第七章　开展6S的方法 …………………………………………………… 105
　　7.1 寻宝活动 ………………………………………………………… 106
　　7.2 定点摄影 ………………………………………………………… 108
　　7.3 红牌作战 ………………………………………………………… 111
　　7.4 油漆作战 ………………………………………………………… 117
　　7.5 定置管理 ………………………………………………………… 122
　　7.6 实践活动：教室、宿舍彻底"6S" ……………………………… 130

绪论 Preface

6S管理是打造具有竞争力的企业、建设一流素质员工队伍的先进基础管理手段。6S管理组织体系的使命是焕发组织活力、不断改善企业管理机制；6S管理组织体系的目标是提升人的素养、提高企业的执行力和竞争力。目前全球有65%的大型企业都在广泛地推行6S或6S管理。6S看似简单，实际内涵却非常丰富。深刻认识和把握6S管理的内涵、各要素之间的相互关系、6S管理与其它管理活动的关系、6S管理的推行周期和策略，以及如何有效解决6S管理实施中存在的问题，对于有效和深入推行6S管理工作具有重要意义。

一、6S的起源与发展

说起6S管理，首先得从5S谈起。5S管理法起源于日本，是指在生产现场中对人员、机器、材料、方法等生产要素进行有效管理，是日式企业独特的一种管理方法。5S即日文的Seiri(整理)、Seiton(整顿)、Seiso(清扫)、Seiketsu(清洁)、Shitsuke(素养)这五个单词，又被称为"五常法则"。

1955年，日本的5S的宣传口号为"安全始于整理，终于整理整顿"。当时只推行了两个S，其目的仅为了确保作业空间和安全。后因生产和品质控制的需要又逐步提出了3S，也就是清扫、清洁、素养，从而使应用空间及适用范围进一步拓展。到了1986年，日本的5S的著作逐渐问世，从而对整个现场管理模式起到了冲击的作用，并由此掀起了5S的热潮。

根据企业进一步发展的需要，有的企业在原来5S的基础上又增加了安全(safety)，即形成了6S；有的企业再增加了节约(save)，形成了7S；也有的企业加上习惯化(shiukanka)、服务(service)及坚持(shikoku)，形成了10S；有的企业甚至推行12S，但是万变不离其宗，都是从5S里衍生出来的。

现在企业管理里面沿用较多的还是6S，尽管对6个"S"的具体名称上各有不同，但大体上内容是一致的，6个"S"不外乎是从工作环境卫生、员工习惯与文化素养、安全规范等几个方面进行统一和规范。

二、中航工业6S的内容

整理（Sort）——就是区分必需品和非必需品，并清除后者。目的：腾出空间，空间活用，防止误用，改善形象和品质。

整顿（Straighten）——把留下来的必要用的物品依规定位置摆放，并放置整齐加以标识。目的：工作场所一目了然，消除寻找物品的时间，整整齐齐的工作环境，消除过多的积压物品。

清洁（Sweep）——就是保持工作环境和工作设施设备无垃圾、无灰尘、干净整洁的状态。目的：保持工作环境和工作设施设备处于良好状态。

规范（Standardize）——将整理、整顿、清扫进行彻底、持之以恒，并且制度化、公开化、透明化。目的：将整理、整顿、清洁内化成每个人的自觉行为，从而全面提升每个人的职业素质。

安全（Safety）——重视成员安全教育，每时每刻都有安全第一观念，防范于未然。目的：建立起安全生产的环境，所有的工作应建立在安全的前提下。

素养（Sustain）——每位成员养成良好的习惯，并遵守规则做事，培养积极主动的精神（也称习惯性）。目的：培养有好习惯、遵守规则的员工，营造团队精神。

用以下的简短语句来描述6S，也能方便记忆：

整理：要与不要，一留一弃；　　　整顿：取用快捷，科学布局；
清洁：美化环境，清除垃圾；　　　规范：形成制度，贯彻到底；
安全：照章操作，防范万一；　　　素养：养成习惯，终生受益。

三、推行6S管理的目的和作用

6S管理具有显著改善科研生产环境、提升企业形象、重塑企业文化、提高产品质量、提高安全水平、提高工作效率的功能和作用。构筑企业品质文化，形成企业核心竞争力的基础。6S管理在企业中体现出的全员性、能动性、基础性、显著性、鼓舞性、管理思想的渗透性强于一般的管理活动，是其它管理活动的基础和有效推行的保障。

(一)企业推行6S的目的

1.改善和提高企业形象

整齐、清洁的工作环境，容易吸引顾客，让顾客有信心；同时，由于口碑相传，会成为其它公司的学习对象。

图1

2.促成效率的提高

良好的工作环境和工作气氛，有修养的工作伙伴，物品摆放有序，不用寻找，员工可以集中精神工作，工作兴趣高，效率自然会提高。

图2

图3

3.改善零件在库周转率

整洁的工作环境，有效的保管和布局，彻底进行最低库存量管理，能够做到必要时能立即取出有用的物品。工序间物流通畅，能够减少甚至消除寻、滞留时间，改善零件在库周转率。

图4

4.减少直至消除故障，保障品质

优良的品质来自优良的工作环境。通过经常性的清扫、点检，不断净化工作环境，避免污物损坏机器，维持设备的高效率，提高品质。

5.保障企业安全生产

储存明确，物归原位，工作场所宽敞明亮，通道畅通，地上不会随意摆放不该放置的物品。如果工作场所有条不紊，意外的发生也会减少，当然安全就会有保障。

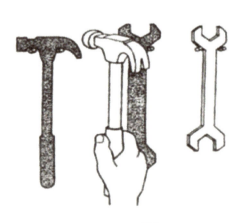

图5

图6

图7　　　　　　　　　　　　图8

6.降低生产成本

通过实施6S，可以减少人员、设备、场所、时间等等的浪费，从而降低生产成本。

图9

7.改善员工精神面貌，使组织活力化

人人都变成有修养的员工，有尊严和成就感，对自己的工作尽心尽力，并带动改善意识（可以实施合理化提案改善活动），增加组织的活力。

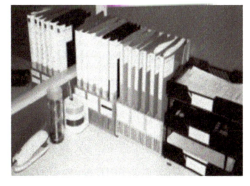

图10　　　　　　　　　　　　图11

8. 缩短作业周期，确保交货期

由于实施了"一目了然"的管理，使异常现象明显化，减少人员、设备、时间的浪费，生产顺畅，提高了作业效率，缩短了作业周期，从而确保交货期。

图12

图13

（二）6S在企业管理中的显著作用

1. 亏损为零（6S为最佳的推销员）

• 至少在行业内被称赞为最干净、整洁的工厂；

• 无缺陷、无不良、配合度好的声誉在客户之间口碑相传，忠实的顾客越来越多；

• 知名度很高，很多人慕名来参观；

• 大家争着来这家公司工作；

• 人们都以购买这家公司的产品为荣；

• 整理、整顿、清扫、清洁和修养维持良好，并且成为习惯，以整洁为基础的工厂有很大的发展空间。

2. 不良为零（6S是品质零缺陷的护航者）

• 产品按标准要求生产；

• 检测仪器正确地使用和保养，是确保品质的前提；

• 环境整洁有序，异常一眼就可以发现；

• 干净整洁的生产现场，可以提高员工品质意识；

• 机械设备正常使用保养，减少次品产生；

• 员工知道要预防问题的发生而非仅是处理问题。

3. 浪费为零（6S是节约能手）

- 6S能减少库存量，排除过剩生产，避免零件、半成品、成品在库过多；
- 避免库房、货架、天棚过剩；
- 避免卡板、台车、叉车等搬运工具过剩；
- 避免购置不必要的机器、设备；
- 避免"寻找"、"等待"、"避让"等动作引起的浪费；
- 消除"拿起"、"放下"、"清点"、"搬运"等无附加价值动作；
- 避免出现多余的文具、桌、椅等办公设备。

4. 故障为零（6S是交货期的保证）

- 工厂无尘化；
- 无碎屑、碎块和漏油，经常擦试和保养，机械稼动率高；
- 模具、工装夹具管理良好，调试、寻找时间减少；
- 设备产能、人员效率稳定，综合效率可把握性高；
- 每日进行使用点检，防患于未然。

5. 切换产品时间为零（6S是高效率的前提）

- 模具、夹具、工具经过整顿，不需要过多的寻找时间；
- 整洁规范的工厂机器正常运转，作业效率大幅上升；
- 彻底的6S，让初学者和新人一看就懂，快速上岗。

6. 事故为零（6S是安全的软件设备）

- 整理、整顿后，通道和休息场所等不会被占用；
- 物品放置、搬运方法和积载高度考虑了安全因素；
- 工作场所宽敞、明亮，使物流一目了然；
- 人车分流，道路通畅；
- "危险"、"注意"等警示明确；
- 员工正确使用保护器具，不会违规作业；
- 所有的设备都进行清洁、检修，能预先发现存在的问题，从而消除安全隐患；
- 消防设施齐备，灭火器放置位置、逃生路线明确，万一发生火灾或地震

时，员工生命安全有保障。

7. 投诉为零（6S是标准化的推动者）

- 人们能正确地执行各项规章制度；
- 去任何岗位都能立即上岗作业；
- 谁都明白工作该怎么做，怎样才算做好了；
- 工作方便又舒适；
- 每天都有所改善，有所进步。

8. 缺勤率为零（6S可以创造出快乐的工作岗位）

- 一目了然的工作场所，没有浪费、勉强、不均衡等弊端；
- 岗位明亮、干净，无灰尘无垃圾的工作场所让人心情愉快，不会让人厌倦和烦恼；
- 工作已成为一种乐趣，员工不会无故缺勤旷工；
- 6S能给人"只要大家努力，什么都能做到"的信念，让大家都亲自动手进行改善；
- 在有活力的一流工场工作，员工都由衷感到自豪和骄傲。

总而言之，通过6S管理的运用，企业能够健康稳定快速成长，逐渐发展成对地区有贡献和影响力的世界级企业，并且最少得到四个相关方的满意：

①投资者满意（IS, Investor Satisfaction），通过6S，使企业达到更高的生产及管理境界，投资者可以获得更大的利润和回报。

②客户满意（CS, Customer Satisfaction），表现为高质量、低成本、纳期准、技术水平高、生产弹性高等特点。

③雇员满意（ES, Employe Satisfaction），效益好，员工生活富裕，人性化管理使每个员工可获得安全、尊重和成就感。

④社会满意（SS, Society Satisfaction），企业对区域有杰出的贡献，热心公益事业，支持环境保护，这样的企业有良好的社会形象。

四、在中职学生中开设6S课程的意义

中等职业学校的育人目标在于培养出受企业欢迎、令用人单位满意的技能型

人才和高素质劳动者。学校的学习生活环境对学生的精神状态有直接的影响，它是学生成长的隐性教材，是一种有效的德育形式。主要表现在以下三方面：

（一）能为学生创设和谐的学习生活情境

整理、整顿、清洁、规范、安全与素养，主要是确保现场无杂物，保障安全，对生产现场需要留下的物品进行科学合理的布置和摆放，以便用最快的速度取得所需之物，自己使用的物品，如设备、工具等，要自己清理，不要依赖他人，从而消除发生安全事故的根源。创造一个良好的工作环境，使他们能愉快地工作。职业学校从某种程度上来说即是一种企业，虽然"6S"是现代企业普遍推行的一种重要管理方法，但职业教育是直接为企业培养所需人才。所以，依照"6S"现场管理的理念，学生要有良好的习惯和素质，才能更好地适应现代企业的管理要求。而教室和宿舍是学生学习生活的空间，教室和宿舍的情境直接影响学生的情绪。实践证明，一个文明、整洁、优美的环境，能陶冶学生的情操，唤起学生拼搏和竞争的意识，有利于提高学习效率。同时也有助于培养学生正确的审美观，激发学生更加热爱学校，以此增强集体的凝聚力与战斗力。学生学习生活环境的绿化、净化、美化，能让学生终身受益。

（二）能有效地提升学生的职业素养

"6S"现场管理的核心和精髓是"修身"，说明个人素养直接影响企业的生存和发展。"修身"即教养，努力提高自身的修身，养成严格遵守规章制度的习惯和作风，是"6S"活动的核心内容。"6S"管理，就是始终着眼于提高人的素质。职业学校的学生尤其需要一种有利于激发学生自我表现意识的和谐的、民主的、受尊重的氛围。这也要求职业学校在平时的管理中，要教育学生有自主创新精神，要学会思考、学会学习，要贵在自觉，完成自己应完成的任务，养成现代化大生产所要求的遵章守纪、严格要求的习惯。

（三）能提高学生间的团队协作能力

在信息化社会，现代企业快速发展，对员工间的协作能力和标准要求更高。借鉴"6S"现场管理，要不断加强学生间的协作能力培养。学校的每位教育者，都要时刻把学生的利益放在首位，为了学生的生存、发展，关注学生成长，培养学生协作意识。让他们在这种群体活动中提高认知能力，培养健康

的心理品质，使其内在的潜能得以挖掘，交流的能力大为增强。从而，让学生们在学习中协作、创新、发展，这是社会发展的需要，也是人生存、发展的前提，否则将被强烈竞争的社会淘汰。

总之，将企业的"6S管理"引入中职课堂，有利于强化学校的日常管理，解决校园环境的卫生、安全等方面存在的问题，创建一个干净、整洁、舒适、安全的学习生活环境；更有利于学生在学生时代就能学习到企业的"6S管理"知识，接受企业"6S管理"理念及了解新形势下现代企业对人才素质的要求；有利于帮助学生养成良好的行为习惯，增强学生的责任感，培养学生的职业意识和职业素养，使毕业生增强就业竞争力，缩短从学校到企业的适应期和过渡期，成为企业欢迎、单位满意的合格的职业人，实现学校的培养目标与企业需求、学生素养与员工素质之间的无缝对接。

第一章

整 理

1.1 什么是整理

整理，就是将工作场所中的物品、机器设备清楚地区分为必要的与不必要的，对于必要的物品要妥善保管，对于不必要的物品则进行相应的处理。

1.1.1 实景图片展示

图1-1 整理后的维修现场

图1-2 整理后的生产现场

1.1.2 内容解读

1.整理的目的

对于企业而言，如果不及时整理工作场所，会造成包括空间、时间、资金等方面的浪费。实施整理能有效避免这些浪费，提高工作效率。实施整理具有以下目的：

（1）腾出空间，增加作业面积

生产现场经常会有一些残余的物料、待修品、待返品和报废品等，这些东西既占据空间又阻碍生产。因此，企业必须将这些东西从生产现场中整理出来，以便留给作业人员更多的空间。

（2）有利于减少库存，节约资金

生产现场中不要的物品就是浪费。如果员工不经常清理，即使是再宽敞的工作场所也会变得越来越小，企业还要建立各种名目的仓库，甚至要不断扩建厂房。杂乱无章地摆放货品，也会增加盘点的难度，使盘点的准确度大打折扣，导致成本核算失准。通过整理，就会避免因重复采购而带来的资金浪费，同时还有利于控制库存。

（3）减少磕碰机会，提高产品质量

生产现场中往往有一些无法使用的工装夹具、量具、机器设备，如果不及时清理，会使现场变得凌乱不堪。这些地方通常是管理的死角，如果在一些对无尘要求比较高的工厂，将直接影响产品的质量，通过整理就可以消除这一隐患。

（4）消除管理上的混放、混料等差错

在未经整理的工作现场，大量的零部件被杂乱无章地堆放在一起，会给企业管理带来很大难度，容易造成工作上的差错。

2.整理的注意事项

（1）整理不是扔东西

从生产现场中清理出来的不要物品，有的只是在本部门无用，但可用于其他的地方；有的是多年库存积压品，但可与供应商进行调剂和做退货处理；有的废弃工装，经过改进之后，还可以派上新的用场。因此，整理并不是扔东西。即使是确实需要报废的物品，也应按财务规定，办理报废手续，并收回其

"残值"。千万不可只图一时"痛快",不分青红皂白地把清理出来的物品当做垃圾一扔了之。

在整理过程中,要遵循先"分开"后"处理"的原则。分开是先将要的(必需的)和不要的(用不着的)东西分开;将过期的和未过期的东西分开;将好的和坏的东西分开;将经常用的和不经常用的东西分开;将原件和复印件分开等。在分开的过程中,不需考虑如何处理。待分开后,再考虑如何处理。视物品和内容的不同可以有多种处理方式,如废弃、烧毁、切碎、收藏、转送、转让、廉价出售和再循环等。

(2) 不要产生新的不要物品

不少企业在实施整理之后,虽然生产现场有了很大的改善,但过了一段时间后,又发现现场有了不少新的不要物品。产生不要物品的原因主要有以下三个方面:

① 没有严格执行限领料制度,没有为多余的零部件、材料办理退料缴库手续。

② 未按生产部门下达的计划进行生产,没有将多生产的部件退入库房而是将其摆在了生产现场。

③ 没有及时清理生产过程中产生的废弃物,如各种包装物、塑料袋等,从而占据了生产空间。

因此,在日常工作时,员工不要超计划多领物料,不要生产计划外的产品,在制造过程中要进行过程控制,不生产不合格品。员工要立即清理作业后残留的物料,不要在生产现场放置私人物品。员工放置物品时要遵循平行、直角、直线的原则,使之一目了然。对于不能使用的工具和用不上的工具,员工要及时将其整理出现场。不制作多余的备份文件等。

(3) 整理同时,需做到追根溯源

在整理的同时,企业还要做到追根溯源,也称"源头行动",就是不断追溯,直到找出问题的根源所在,然后彻底解决。通常,企业由于以下原因产生各种废料废物:

① 原辅材料采购量控制和库存管理不善。

② 过程控制中计量不准确。

③ 投料过程中出现跑冒滴漏现象。

④ 设备泄漏。

因此,在整理时,企业一定要找出产生废料的源头,并对源头进行彻底根治。

1.1.3 要点提示

整理是实施6S活动的第一步,员工必须认真做好。

1.2 现场检查的实施

实施现场检查,是整理的第一步。工作现场包括员工看得见与看不见的地方,尤其是容易被忽略的地方,如设备内部、桌子底部、文件柜顶部等位置。

1.2.1 实景图片展示

图1-3 墙角堆放的多余物

1.2.2 内容解读

实施现场检查时,检查人员要做好对地面、天花板、工作台、办公区和仓库等区域的检查工作,具体的检查内容如表1-1所示。

表1-1 现场检查主要内容

场　　所	内　　容
地面（尤其要注意死角）	1. 推车、台车、叉车等搬运工具 2. 各种良品、不良品、半成品、材料 3. 工装夹具、设备装置 4. 材料箱、纸箱、容器 5. 油桶、漆罐、油污 6. 花盆、烟灰缸 7. 纸屑、杂物
工作台	1. 抹布、手套等消耗品 2. 螺丝刀、扳手、刀具等工具 3. 个人物品、图表资料 4. 余料、样品
办公区	1. 抽屉和橱柜里的书籍、档案 2. 桌上的各种办公用品 3. 公告板、海报、标语 4. 风扇、时钟等
天花板	1. 导线及配件 2. 蜘蛛网 3. 尘网 4. 单位部门指示牌 5. 照明器具等
墙上	1. 标牌、指示牌 2. 挂件、意见箱 3. 吊扇、配线、配管 4. 蜘蛛网
仓库	1. 原材料、辅材料 2. 呆料 3. 废料 4. 其他非材料的物品

场　　所	内　　容
室外	1. 废弃工装夹具 2. 生锈的材料 3. 自行车、汽车 4. 托板 5. 推车、轮胎

1.2.3 要点提示

对于各个场所，检查人员都要检查到而不能有遗漏，尤其对于那些看不见、容易被忽略的地方要特别注意检查整理。

1.3 如何区分必要品与非必要品

整理的实施要点就是将现场中摆放的物品清理出来，并进行分类，然后按照判断标准区分物品的使用等级，进而决定是否需要该物品。

1.3.1 实景图片展示

图1-4　学生活动现场需清理的物品

图1-5 办公桌抽屉里的无关物品

1.3.2 内容解读

1. 要与不要的判别标准

在实施整理的过程中，企业对"要"与"不要"的物品必须制定相应的判别标准（如表1-2所示），以便员工根据标准实施"大扫除"。在制定标准时，一定要考虑企业的实际情况。

表1-2 物品要与不要的判别标准

真正需要	确实不要	
（1）正常的机器设备、电气装置 （2）工作台、板凳、材料架 （3）台车、推车、拖车、堆高机 （4）正常使用的工装夹具 （5）还有使用价值的消耗用品 （6）原材料、半成品、成品和样本 （7）栈板、图框、防尘用具	1. 地板上	（1）废品、杂志、油污、灰尘、烟蒂 （2）不能或不再使用的机器设备、工装夹具 （3）不再使用的办公用品 （4）破烂的栈板、图框、塑料箱、纸箱、垃圾箱 （5）呆料、滞料和过期品
	2. 工作台和架子上	（1）过时的文件资料、表单记录、书报、杂志 （2）多余的材料 （3）损坏的工具、样品 （4）私人用品、破压台玻璃、破椅垫
（8）办公用品、文具 （9）使用中的清洁工具、用品 （10）各种正在使用中的海报、看板 （11）有用的文件资料、表单记录、书报、杂志 （12）其他必要的私人用品	3. 墙壁上	（1）蜘蛛网 （2）过期和老旧的海报、看板 （3）破烂的信箱、意见箱、指示牌 （4）过时的挂历、损坏的时钟、没有用的挂钉
	4. 天花板上	（1）不再使用的各种管线 （2）不再使用的吊扇、挂具 （3）老旧无效的指导书、工装图

2．保管场所基准

员工可以根据物品的使用次数和使用频率判定物品应该放在什么地方。员工应对保管对象进行分析，根据物品的使用频率明确放置场所，制作出"保管场所分析表"（如表1-3和表1-4所示）。

表1-3　保管场所分析表

序号	物品名称	使用频率	归类	是必需品还是非必需品	建议场所
		一年没有用过一次			
		也许要用的物品			
		三个月用一次			
		一个星期用一次			
		三天用一次			
		每天都用			

表1-4　物品的使用与保管场所

使用频率		处理方法	建议场所
不用	全年一次也未使用	废弃处理	待处理区
少用	平均2个月~1年用1次	分类管理	集中场所（工具室、仓库）
普通	1~2个月用1次或以上	置于车间内	各摆放区
常用	每小时都使用	工作区内随手可得	如几台旁、流水线旁、个人工具箱中

注：应视企业的具体情况决定划分几类及相应的场所。

3．废弃处理基准

在实际工作中，不要的物品是永远存在的。对于不要的物品的处理方法，企业通常按照以下两个原则执行：

第一，区分申请部门与判定部门。

第二，由特定部门统一处理不要的物品。

例如，品检部负责对不要的物品进行档案管理和判定，设备部负责对不要的设备、工具、仪表、计量器具进行档案管理和判定，6S推进办公室负责对不要的物品进行审核、判定、申报，销售部负责处置不要的物品，财务部负责管理不要物品的处置资金。

不要物品的处理审核清单如表1-5所示。

表1-5 不要物品的处理审核清单

单位：　　　　　　　　　　　　　　　　　　　　　　　　　　年　　月　　日

物品名称	型号规格	数量	不用原因	责任部门处理意见	主管经理处理意见	工厂处理意见

主管经理审核：　　　　　　申报单位主管审核：　　　　　　申报人：

1.3.3 要点提示

只有企业明确整理的标准，才能让员工知道如何区分需要的、不需要的东西，并进行正确处理。

1.4 清除非必需品

在确定了必需品与非必需品的判别标准后，员工就要清除非必需品，以便于充分利用空间。

1.4.1 实景图片展示

图1-6 寻找需要清除的物品

1.4.2 内容解读

1．清理非必需品的着眼点

非必需品可分为两种：一种是使用周期较长的物品，另一种是对目前的生产或工作无任何作用、需要报废的物品。

清理非必需品的原则是看该物品现在有没有"使用价值"，而不是原来的"购买价值"，同时注意以下几点事项。

（1）清理前需考虑的问题

① 考虑为什么要清理以及如何清理。

② 规定清理的日期和规则。

③ 在清理前明确现场需放置的物品。

④ 区分要保留的物品和不需要的物品，并向员工说明保留的理由。

⑤ 划定保留物品的安置场所。

（2）清理暂时不需要的物品

清理暂时不需要的物品时，员工应认真判断这些物品是否有保留的价值，并弄清保留的理由和目的。如果不能确定今后是否还会有用，可根据实际情况决定一个保留期限，先暂时保留一段时间，等过了保留期限后，再做决定。物品的判断标准及放置场所如表1-6所示。

表1-6　物品的判断标准及放置场所

使用次数	判断标准及放置场所
一年没用过一次的物品	废弃，放入暂存仓库
也需要使用的物品	放在工作场地附近
三个月用一次的物品	放在工作场地附近
一星期用一次的物品	放在使用地
三天用一次的物品	放在人不需移动就可以取到的地方

2．判定非必需品

判定一个物品是否有用，并没有一个绝对的标准，有时候是相对的。有些东西是很容易判定的，如破烂不堪的桌椅等，而有些则很难判定，如一些长期不用的零部件。

（1）非必需品的判定步骤

① 把那些非必需品摆放在某一个指定场所，并在这些物品上贴上红牌。

② 由指定的判定者对等待判定的物品进行最终判定，决定其应卖掉、挪用、修复还是修理等。

（2）非必需品判定者

由于企业里需要进行判定的对象很多，并且有可以判断的和难以判断的物品，为了高效地完成判定工作，企业可以根据对象物的不同确定相应的判定者。

① 一般物品。由班组长初步判定，主管最终判定。

② 零部件。由主管初步判定，经理最终判定。

除此之外，企业还可以统一由6S推行委员会判定非必需品，设计一个有效的判定流程，由各个部门对各类物品进行判定。

（3）非必需品判定要注意的事项

对于非必需品的判定，企业要注意以下事项：

① 对那些贴有非必需品红牌的物品，要约定判定期限，因为判定的拖延将会影响6S活动的开展，最好迅速判定。

② 当那些贴的非必需品红牌的物品被判定为有用物品的时候，判定者要及时向物品所属部门说明判定的依据或理由，物品所属部门要及时进行重新安置和摆放。

1.4.3 要点提示

一定要经过判定之后才能处理非必需品，不能随意丢弃。

1.5 处理非必需品

企业在依据标准判定出非必需品，就必须对非必需品做出相应的处理，以提高其工作效率。

1.5.1 实景图片展示

图1-7　现场确定的非必需品

图1-8　将非必需品转运

1.2.2 内容解读

1. 处理方法

对于贴了非必需品红牌的物品，企业必须逐件核实现品实物和票据，确认其使用价值。若经判定，该物品为必需品，那么就要揭去非必需品红牌。若该物品被确认为非必需品，则应该确定处理方法。一般来说，对非必需品有以下四种处理方法。

（1）改用

将材料、零部件、设备和工具等改用于其他项目或调到其他需要的部门。

（2）修理、修复

对不良品或故障设备进行修理、修复，恢复其使用价值。

（3）作价卖掉

由于销售、生产计划或规格变更，有时新购入的设备或材料等物品用不上。在这种情况下，企业可以和供应商协商退货，或者（以较低的价格）卖掉，回收货款。

若该物品有使用价值，并可能涉及专利或商业机密，应按企业具体规定进行处理；如果该物品只是一般废弃物，经过分类后可将其出售。

若该物品没有使用价值，可根据企业的具体情况折价出售，或作为培训、教育员工的工具。

（4）废弃处理

对那些实在无法发掘其使用价值的物品，必须实施废弃物处理。企业要在考虑环境影响的基础上，从资源再利用的角度出发进行处理。废弃处理的具体方法包括专业公司回收处理等。

2. 建立一套非必需品废弃的程序

为了维持整理活动的成果，企业必须建立一套非必需品废弃申请、判断、实施及后续管理的程序和机制。

企业建立非必需品废弃是为了给整理工作的实施提供制度保证。生产现场中有许多无用的物品，但员工都不清楚该如何废弃，只好将它们摆放在现场。

一般来说，非必需品废弃的申请和实施程序如下：

①物品所在部门提出废弃申请。

②技术或主管部门确认物品的使用价值。

③相关部门确认再利用的可能性。

④财务等部门确认。

⑤企业高层负责人审批通过废弃处理决定。

⑥有指定部门实施废弃处理,填写"废弃单",保留废弃单据以便备查。

⑦有财务部门做账面处理。

以下是一份非必需品处理程序范例。

非必需品处理程序

第一条 目的

为了使工作现场的非必需品能够及时、有效的得到处理,使现场环境、工作效率得到改善和提高,特制定本程序。

第二条 适宜范围

本程序适用于某工厂及驻厂相关科室对非必需品的处理。

第三条 定义

非必须品,即工作现场中一切不用的物品。

第四条 职责划分

1.工厂质检科负责对不用物料进行档案管理和判定。

2.工程设备科负责对不用设备、工具、仪表、计量器具进行档案管理和判定。

3.工厂技术科负责对不用原材料进行档案管理和判定。

4.工厂办公室负责对不用物品进行审核、判定、申报。

5.销售部、设备厂负责对不用设备、工具、仪表、计量器具、物料、原材料进行处置。

6.财务部负责管理非必需品的处置资金。

第五条 工作程序

1.在日常工作中，各车间、部门要及时清理非必需品，将非必需品置于暂放区，报责任部门主管审核后，由责任单位进行分类和标识，并记录在"非必需品处理清单"及台账中。

2.正常情况下，各车间、部门每月向有关科室申报处理一次非必需品。由责任科室分类填好"非必需品处理清单"，报厂长审核、批准。

3.各厂每季度（特殊情况除外）汇总"非必需品处理清单"一次，并在下一季度第一个生产例会上呈报主管经理，协调设备部、财务部、销售部、设备厂共同判定处理方案。

4.各相关部门严格按批准的方案实施，然后填写"非必需品处置详情表"报财务部。

5.财务部负责全面管理处置回收的资金。

第六条 支持性文件及表单

1.《低值易耗品及账外物资管理办法》。

2."非必需品处理清单"。

3."物品废弃申请单"（如表1-7所示）。

表1-7 物品废弃申请单

申请部门			物品名称	
废弃理由			购买日期	
可否再利用	物品类别	判定部门	判定	负责人签字
			□可 □不可	
			□可 □不可	
			□可 □不可	
			□可 □不可	
			□可 □不可	
认可	□废弃 □其他处理		总经理	
废弃	仓库部门：		凭证	提交财务

第七条 解释

本办法由6S推行办公室编制并负责解释。

1.83 要点提示

企业在处理非必需品时，要坚决果断，把该废弃物品处理掉。

1.6 实践活动

组织教室、宿舍整理竞赛活动。

第二章

整　　顿

2.1 什么是整顿

整顿，就是将必要的物品分门别类按照规定的位置合理摆放，并加以标识。

2.1.1 实景图片展示

图2-1　工具的定置管理

图2-2　分类标识摆放

2.1.2 分析解读

整顿，就是将整理后留下来的必需品或腾出来的空间做一个整体规划。它旨在提高取用和放回物品的效率。

整顿其实也是研究提高效率的科学。它研究怎样才可以立即取得物品，以及如何立即放回原位。任意决定物品的存放并不会让你的工作速度加快，它会让你的寻找时间加倍。

我们必须思考分析怎样拿取物品更快，制定出一套实施细则，并让大家都能理解这套系统，遵照执行。

整顿即精心策划，节约空间。

小就美，简单最好。

2.2 整顿的目的及意义

1. 目的

工作场所一目了然；消除寻找物品的时间；整整齐齐的工作环境；消除过多的积压物品；井井有条的工作秩序。

2. 意义（作用）

提高工作效率；将寻找时间减少为零；异常情况（如丢失、损坏）能马上发现；非担当者也能明白要求和做法；不同的人去做，结果是一样的（已经标准化）。

> **要点提示**
>
> 做好整顿工作，就是使各种物品的摆放位置相对固定，便于取用。

2.3 学生宿舍整顿的要求与目标

常用物品要明确合理的位置，统一按定置图放置。

2.3.1 实景图片展示

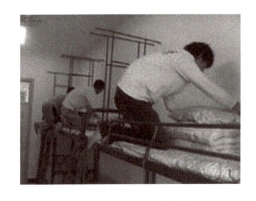

图2-3 学生宿舍的整顿

2.3.2 分析解读

确定"需要"且"常用"物品的放置空间和规范，以利达到方便使用的实用效果和整洁美观的视觉效果。

2.3.3 各种物品的放置空间及摆放规范要求

① 床铺：被子叠好且统一放在远离门的一床头，被子对折后开口面对门，枕头放在被子下，蚊帐在不使用时要收藏起来。

② 衣服：干净且暂时不穿的衣服要叠好收放在个人保管箱内，临时换下的衣服要用衣架挂在铁丝上（不要随意放在床上），换下的脏衣服要及时清

洗，待干衣服要用衣架支起晾晒，待衣服干爽后立即收放好。

③ 鞋、暖瓶：下铺学生鞋放在远离门一边床下外侧，上铺学生鞋放在靠近门一边床下外侧，鞋头向外，不超出定置线外。暖瓶放洗浴室指定位置。

④ 餐具、洗漱用品：餐具每人根据床铺位号顺序依次在桌子内侧排放，洗漱用品放在洗浴室指定位置。

⑤ 脸盆、脚盆：统一依次放在盆架上。

⑥ 书籍：保管在柜内。

⑦ 毛巾、脚布：统一整齐挂在毛巾架上。

⑧ 包装用品：女生宿舍依次放在指定的空床上。男生宿室统一放在橱格内。按照包在内、箱在外顺序摆放。

⑨ 公共卫生用品：簸箕和扫把、拖布放在门后一侧，女生垃圾篓放在门的另一侧，男生垃圾篓放在卫生间内。

⑩ "不需要"物品要及时清理掉。"不常用"物品要及时存放起来。

2.4 实习、教学现场整顿的要求与目标

2.4.1 作业现场整顿的要求与目标

整顿就是结合作业需要，做好现场分析、规划工作，把整理好的物品合理、规范摆放和储存，并加以标识。其关键在于"三定"，即定位、定品和定量。

1. 定位

定位就是根据物品的使用频率和便利性，决定物品的摆放位置。一般来说，使用频率越低的物品，应该放置在距离工作场地越远的地方。物品定位需遵循两个原则：一是位置要固定，二是根据物品的使用频率和便利性决定物品的摆放位置，即要实行定置管理。定置管理是指根据整顿的结果，区分必要和不必要的物品，将不必要的物品清除，将必要的物品留下并定置摆放。其基本要求是：有物必有位，有位必分类，分类必标识。

2. 定品

定品的目的是让所有人甚至使新进员工一眼就能看出那个地方放置的物品是什么。即标明放置的东西为何物，取用时有看板的作用。

3. 定量

定量的目的是让员工能一眼看出有多少的库存量，不能说"大概、大约"，而要清楚地说出有几个。

4. 实景图片展示

图2-4　实习现场的整顿

2.4.2 教室内物品、用具的规范要求

① 教室要求绘制、张贴统一定置图，内容包含教室课桌椅、讲台、卫生工具、张贴栏、荣誉栏等，定置图须标识清晰、布局统一、美观合理。

② 教室门牌标识清楚，室内放置讲台1张，课桌椅按需放置（不多于72套），配置卫生工具（扫把4把、拖布2把），摆放要求样式颜色统一、规范、整齐。

③ 课桌面保持干净，无划痕、杂物；抽屉内无废纸屑及与学习无关的杂物；抽屉内左侧摆放学习资料，右侧摆放文具盒、绘图仪、计算器等，笔、尺、橡皮、铅笔刀等零散用具装入文具盒内。

④ 教室墙面须保持干净，无多余标语、悬挂物，无污渍印迹。

⑤ 教室内保持窗户、门头玻璃干净、完好，无破损。

⑥ 教室（含多媒体教室）内保持吊扇、灯具、投影仪、音箱等干净、完好，电线无破损，器具无故障。

⑦ 教室内黑板课后须及时擦拭干净，无粉笔灰。

⑧ 教室内粉笔、黑板擦摆放有序，讲台上定置一盒粉笔、一块黑板擦，讲台干净整洁，无粉笔灰及杂物。

⑨ 教室张贴栏内规范粘贴课表、管理制度、卫生值日表等纸质文件；荣誉栏内规范悬挂班级奖状、奖牌等荣誉证书或匾牌；教室定置图张贴按照学校定置管理制度执行。

2.4.3 实验室的规范要求

① 各实验室须按照6S管理要求绘制、张贴定置图，内容包含本实验室内的办公桌椅、实验设备、实验器具、卫生工具等，定置图内容须标识清晰、布局美观合理。

② 实验室门牌要标识清楚，制定出本实验室相应的规章制度和职责范围，墙挂"实验室规则"及实验室工作人员岗位责任制和奖惩制度，积极做好实验管理和教学工作。

③ 使用实验室须按照实验课的课表计划进行，临时使用必须提前三天提出申请，由教学系部统一安排，并按教学系部开出的"实验通知单"与管理人员联系安排使用。

④ 实验室的各种仪器、设备、材料、元件等，应建立保管和使用制度，建立合理的发放制度，做到账物相符、有据可查，对实验剩余物及特殊物（如有毒品、易燃易爆品、贵重物品）要做好管理和回收，保持实验设备处于良好状态。

⑤ 实验室实验设备都要标明使用操作规程，对精密贵重仪器、设备实行定人管理、定位放置、定期检查，实验员须对每次实验课目认真登记，并记录使用情况，采用教室日志。

⑥ 实验前任课教师或实验员须将学生分组，合理安排实验进程，并提前通知学生准备好实验指导书和实验报告，带齐必要的文具。

⑦ 实验室管理员应在每次实验课后打扫地面卫生，每周四下午全面清扫卫生（包含地面、门窗、灯具、吊扇、办公桌椅等）。

2.5 办公场所整顿的要求与目标

2.5.1 办公场所

办公场所是指各部门人员直接办公或辅助办公的非作业场所。

2.5.2 实景图片展示

图2-5 办公室的整顿

办公场所必需有定置管理图，要求定置图与实物必须相符，固定物品和活动物品按要求在定置图上体现。定置管理图制作须符合学校定置管理规定。

活动物品和季节性物品应本着畅通、整齐、清洁、协调、统一、合理的原则，确定摆放的位置和摆放的方式。季节性物品在使用结束后，必须及时整理、归放原处。

办公场所的门窗、玻璃、家具应完好无损，且保持清洁。地面无纸屑、烟头、痰迹、污水及其它杂物等；墙面平整干净，无乱挂乱贴现象。各类设施整洁、安全、可用，并保持完好状态，出现故障必须向相关部门及时报修。

办公楼环境卫生每天打扫，门厅、通道保持清洁、顺畅，无堆放杂物现象；公共设施应保持完好、整洁、安全、可用；卫生间保持设施完好、整洁、明亮、无异味；大门整洁、设施完好。

2.5.3 卫生间、浴室

① 存放于卫生间的卫生洁具要集中并定置摆放。

② 门窗、墙壁、管道、厕所蹲位挡门要完好、干净整洁，无灰尘和蜘蛛网，无破损，无乱刻乱画和乱拉管线现象。

③ 水箱、水管、龙头、洗手池和便池完好，上下水畅通，洗手池干净整洁，无污渍，无锈蚀、锈迹，手纸篓每日定时清理。

④ 室内干净明亮，无蚊蝇、无异味，地面无积水和杂物。

⑤ 室内灯具、电器开关和各类管线安装符合规范要求。

⑥ 主体及附属设施损坏及时修复，并挂停用标示牌。

2.5.4 垃圾桶

① 垃圾桶定置摆放，垃圾桶外表应干净，每日清理，做到不堆积、不散落。

② 垃圾应及时入桶，垃圾不得外溢和超出容器的2/3。

③ 垃圾桶要有专人负责保洁。

④ 垃圾分类存放，标示图案清楚明了。

2.6 实践活动

个人物品柜整顿竞赛。

第三章

清　　洁

3.1 什么是清洁

清洁是指清除并防止工作场所内的脏污，保持其干净整洁。

图3-1　干净整洁的工作现场

3.1.1 内容解读

清洁就是通过清扫等行为保持整理、整顿后的状态，将整理、整顿的做法制度化、规范化，并贯彻执行及维持成果。简言之，清洁就是为了保持整理、整顿这两个管理缓解的成果。

3.2 清洁的目的及意义

3.2.1 清洁的目的

整洁的工作环境给人的感觉是清爽、舒适，有利于提高工作效率。

清洁的目的：
◎ 培养安全讲卫生的习惯
◎ 创造干净、清爽的工作环境
◎ 使人心情舒畅

1. 清洁的具体内容

① 维持整理、整顿的成果，使工作区域、机器设备保持干净和无污垢的状态。

② 改善容易出现污垢、灰尘等的机器设备和物品，设法切断污染源。

尤其是在生产精度要求高的电子产品、机械加工等企业，达到相关标准要求的清洁环境是最基本的要求，绝对不能有任何污染物侵入，否则极易影响到产品质量。因此，清洁也是一种用心的行为。

图3-2　清洁前后效果对比

2. 维持员工6S管理的意识

整理、整顿从本质上讲，只是改善了材料、设备、环境（生产设施）的定位和使用，而作为这些活动的实施者——员工还没有真正从思想上接受和养成习惯，一旦松懈又会恢复到以前的状态。所以清洁阶段的要点是维持，保持已经取得的改善成果。

只有靠全体员工的持续推进，才能达到更好的效果。

3. 要点提示

清洁并不能单纯从字面上来理解，清洁是6S管理前两个阶段的维持，它是对前两项管理活动的坚持和深入，从而创造一个良好的工作环境，使员工能愉快地工作。只有将6S管理中的整理、整顿标准化才能保证6S管理的进一步推行。这对帮助企业提高生产效率、改善整体的绩效是很有帮助的。

3.2.2 清洁的意义

1. 维持作用

清洁起维持的作用，将整理、整顿后取得的良好成绩维持下去，成为企业或公司内必须人人遵守的固定的制度。

2. 改善作用

通过清洁，对已取得的良好成绩，不断地进行持续改善，使之达到更高更好的境界。贯彻6S管理的意识，寻找有效的激励方法并坚持不懈。

3.3 清洁的实施

清洁的过程如下：

1. 决定清洁对象及责任人

通过现场检查，定义清洁标准，划分各责任区及责任人。

2. 实施

执行例行扫除，清理脏污，调查污染源，予以杜绝或隔离，同时建立清洁基准，作为规范。

图3-3 清洁现场

3. 检查

通过检查来判断清洁的彻底程度和清洁水平，对检查组遇到的问题，应及时责成责任人进行整改。

在清洁这一环节中，不仅物品要清洁，而且员工本人也要做到清洁。员工不仅要形体清洁，而且要讲礼貌，要尊重别人。

清洁的标准包含三个要素，即干净、高效、安全。对整理、整顿两个环节的检查是清洁的必要步骤。

图3-4 对现场进行检查

3.4 学生宿舍清洁的要求与目标

3.4.1 清扫规范

值日生每天要对寝室内地面打扫拖洗，把垃圾装袋并在规定时间内送入楼层垃圾桶内。

全体学生要定期对寝室内玻璃、墙壁、门头、床下、阳台、卫生间进行彻底全面的扫除。

① 清扫就是通过值日生打扫、卫生大扫除活动，全体人员的保洁行为，使寝室内呈现没有垃圾、消灭脏污、保持净洁的状态。它是通过学生自我服务、自我管理、自我教育，达到改变自我、塑造自我、养成习惯、提升素质的目的，最终实现人人都能适应社会和岗位需要的最重要的措施。

② 寝室长负责检查、督促、指导寝室内每位学生的整理和整顿项目的落实和执行效果。

③ 值日生每天及时进行地面卫生打扫和"不需要"物品的清理工作，同时还要具体督促和落实所有人员不制造垃圾，消灭脏污，始终保持寝室洁净的状态。

④ 每周或临时安排的卫生大扫除工作，要分工明确、责任到人，对平时不打扫的门、窗、墙、地面及所有隐藏处进行定点彻底清洗打扫。

3.4.2 清洁规范

① 以目视管理的标准作为基础要求，制订维持制度、责任制度、奖惩制度、检查评比制度，从而保持整理、整顿、清扫的效果。

② 维持：即寝室必须时时保持最整齐、最清洁、最美观的状态，不因时间、人员的改变和检查与否而降低要求。

③ 责任：寝室6S管理的核心内容是培养学生良好的行为习惯，所以每位学生都是主人翁，都肩负责任。寝室长在寝室的管理中负具体责任：一要通过严于律己，树立榜样；二要通过满腔热忱帮助他人共同进步；三要严格管理制止一切不文明、不规范的行为。

3.4.3 实景图片展示

图3-5　干净整洁的宿舍

3.5　实习、教学现场清洁的要求与目标

实习、教学现场	清洁要求与目标
门	擦洗干净，不能留有脚印、泥灰
地面	干净整洁，无杂物、纸屑、纸张
讲台	物件摆放整齐，台面干净整洁，无杂物、无粉笔灰
黑板	清洁使用湿抹布擦洗干净
桌椅摆放	要求摆放成线，前后整齐；课桌台面干净、整齐有序
窗台	清洁时要求擦洗窗台、窗槽，窗台和窗槽不能有灰尘

续表

实习、教学现场	清洁要求与目标
地拖架	物件摆放整齐
垃圾桶	每天早、中、晚各清倒一次垃圾，垃圾桶里面的垃圾不能超过垃圾桶的1/3，垃圾桶里面不能有零食袋和饮料瓶
走廊地面	干净整洁，无杂物、纸屑、纸张
走廊栏杆	要求将栏杆擦洗干净，栏杆上下不能有灰尘
走廊白砖	要求拖洗干净，不能有灰尘
走廊消防栓	擦洗干净，不能有灰尘

图3-6　杂乱的原料

3.6 办公区域清洁要求

① 办公楼楼道、门厅通畅整洁，办公室内地面平整干净，无烟头、痰迹或其它杂物；门窗完好明亮，无灰尘、污垢；墙面不得随意张贴或悬挂物品，因

工作要求需张贴的必须整齐规范，要保持平整干净，无灰尘、污迹、蜘蛛网。

②办公室物品按定置图摆放整齐，柜顶、柜面、桌面无灰尘、杂物。

③办公室内所有办公设备用品及开关、插座、灯具完好、清洁，无灰尘，室内明亮；多余的电话线、电线等要离地集束。

④一周以内的报纸用报架（夹子）整齐放置，超过一周的报纸要叠好存放在固定的地方，各种杂志要分类整理存放，要求每月进行清理一次。

⑤办公室内无与工作无关的多余物品和个人物品，无过期或无用的文件资料。

⑥每天早上工作之前，对地面、桌面、室内卫生进行一次清扫，并将多余物清除出去；每天下班前，对工作现场进行整理，归位；离开办公室时，办公桌面清洁整齐，无文件资料或杂物。

⑦办公室清洁用具应定置存放，以不影响美观为前提。

⑧办公椅靠背上不得搭挂衣服、包、手提袋等物品，下班后或较长时间离开座位时，椅子应放于办公桌底下。

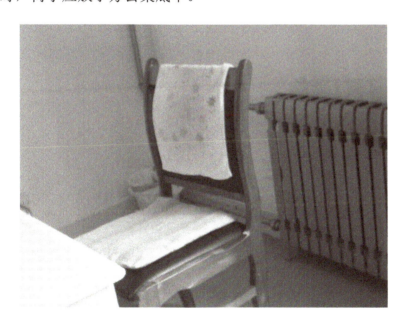

图3-7　错误的做法

⑨办公室桌面不能放置花盆等物品，每间办公室花盆不得多于4盆，摆放应美观、整齐，起到美化的作用。

⑩ 办公楼环境卫生每天由保洁人员打扫，门厅、通道保持清洁、顺畅，无堆放杂物现象；公共设施应保持完好、整洁、安全、可用；卫生间保持设施完好、整洁、明亮、无异味；大门整洁、设施完好。

⑪ 办公场所各类电器导线必须集束、固定，插线板（盒）要摆放规整合理，满足安全、整齐、美观的要求。

⑫ 办公场所的门窗、玻璃、家具应完好无损，且保持清洁；地面无纸屑、烟头、痰迹、污水及其它杂物；墙面平整干净，无乱挂乱贴现象；各类设施整洁、安全、可用，并保持完好状态，出现故障必须向相关部门及时报修。

3.7 实践活动

教室卫生大清洁：学生根据学校制定的教室6S管理标准对教室卫生进行清洁，由老师和班干部共同对教室进行检查，可根据相关6S管理标准制定具体检查表进行逐项检查打分。

第四章

规 范

4.1 什么是规范

规范是在整理、整顿、清洁、安全等管理工作之后，认真维护已取得的成果，使其保持完美和最佳状态，将前面4S的做法制度化、规范化，并贯彻执行及维持，意即"标准化"。因此，规范的目的是为了坚持前面几个4S管理环节的成果。"整理、整顿、清洁、安全"一时做到并不难，但要长期维持就不容易了，若能经常保持4S的状态，也就做到达到了规范管理的要求了。

规范并不只能单纯从字面上来理解，它是对前四项管理活动的坚持和深入，从而创造一个良好的工作环境，使员工能愉快地工作。这对企业提高生产效率、改善整体的绩效是很有帮助的。

4.2 规范的注意点

企业在产品生产过程和日常工作过程中，总会有没用的物品产生，这就需要不断对其进行整理、整顿、清洁等管理工作。需要注意的是，规范还是对整理、整顿和清洁、安全的制度化，通过标准化来保持前面的4S。同时要求制度化，定期检查评比。

此外，规范还应注重定期检查和对新人的教育。目前，推行6S管理的企业在规范时常采用的运作方法主要包括：红牌作战、3U MEMO、目视管理以及查检表等，这些方法和工具能够有效推动6S管理的顺利开展。

4.2.1 清洁的推行要点

① 落实前面4S工作。

② 制定目视管理及看板管理的标准。

③ 制订6S实施办法。

④ 制订稽核方法。

⑤ 制定奖惩制度，强化推行。

⑥ 高层主管定期巡查，带动全员重视6S活动。

4.2.2 清洁举例

清洁为的是工作场所的塑造，清洁励行"三不"原则：一不制造脏乱；二不扩散脏乱；三不恢复脏乱。

正确	错误
工作台保持清洁	精神萎靡
工作服保持清洁	不修边幅
保持工作环境的清洁	随手丢物
随时清洁设备	脚踏桌椅
食堂桌面干净	随地吐痰
食堂地面无丢弃物	口吐秽言
厕所干净	大声喧哗
厕所无异味	乱折花木

4.2.3 清洁的检查点

工作场所是否明亮、整洁，照明是否充足？

厂房内是否有固定的用餐、休息、吸烟等场所？

目视化管理是否做到了"一目了然"？

是否有部门6S工作计划，是否有检查评比计划？

4.3 办公室规范八大要点

1. 独视为共

所谓"独视为共",指的是"独用"(个人使用)被视为"共用",即个人(担当者)使用的资料也要纳入管理。在推行6S管理的过程中,有些员工认为有些资料只有自己一个人使用,所以没必要整理。实际上请假、出差等特殊事件都可能发生工作移交的情况。因此,共用部分的资料应当整理到科室资料架,个人部分的资料既可以整理到科室资料架,也可以整理到个人资料架,但必须公开并按照要求进行标识。

图4-1 文件柜规范示例

2. 公私区分

公私区分是指对公司资料与私人资料进行严格区分。在公司规章制度允许的前提下,员工们可以复印一些资料,或者从外部取得一些资料进行参考。但是，必须注明是"私人参考资料"。否则，一旦别人代替工作时，由于不了解情况，很可能将复印的旧版本文件当作新版本使用。因此，公私区分是为了明确文件资料性质，防止问题的发生。

3. 柜架管理

在柜架管理中要求所有的柜子、架子均加上标识，明确责任部门、责任人、柜架上资料的类别等信息。这样，现场人员不需要打开柜门，就能清楚地知道里面放置的是什么。如果资料摆放的效果不佳，很快就能找到责任人。此外，柜架管理还有利于节省出多余的文件柜和资料架，或者是扩大存放空间，确保管理人员对柜架使用情况了如指掌。

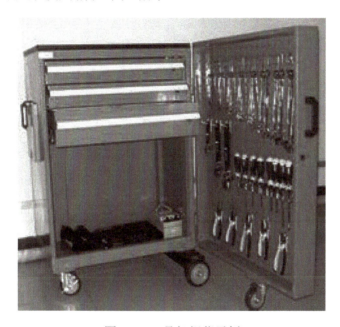

图4-2　工具架规范示例

4. 资料归位

为了使办公室内的资料更易管理和查找，应该实行资料归位。资料归位可以分为分类、标识和定位三个部分。首先，要根据文件资料的属性进行不同类别的划分；其次，在文件夹和放置位置上分别贴上相应的标签，避免不同文件夹的放置出现错位；最后，要采取一些合理的方法方便对文件夹的定位，保持文件夹的整齐。此外，还应加强对资料摆放的监督和管理，杜绝个别人员由于懒散而随便乱放文件。

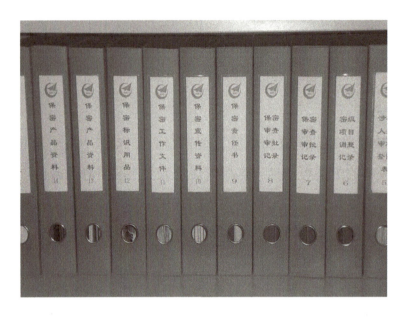

图4-3 档案柜标准

5. 桌面状态

为保持办公室桌面的整洁有序,可将桌面上的资料分为待处理、处理中和已处理三类。在每件资料上加贴标识,使人一看就知道资料内容、责任人等信息,从而改变过去桌面杂乱的情况。如果办公室的桌面状态能够达到图4-4中的水平,就能使办公人员的效率提高、不易出错,并且还能带来视觉上的享受。

图4-4 办公桌标准

6. 抽屉状态

如果公司允许员工存放私人物品，那么抽屉中的公司物品与私人物品应该分开放置。通常可将私人用品放在办公桌最底层的抽屉中，其他抽屉只允许放置工作用品，并且应采用科学方法将物品固定，保证取物的方便与高效率。

图4-5　办公桌抽屉标准

为了防止物品在抽屉来回拉动的过程中发生移位，可以引入形迹管理的方法，在抽屉中垫上一块带有各种工具形状的胶皮，将剪刀、修正液、计算器等常用的办公用品放到胶皮上的凹槽处，保证物品不移动。

7. 张贴管理

每家企业可以根据各自不同的情况规定张贴管理的细节。如果财力允许，企业可以购买白板专门用于各类文件的张贴，如果企业认为没有必要花钱购买，也可以直接贴在墙上。但是，一定要明确允许张贴的区域，标明相关责任人。否则，墙上将会很快变得杂乱无章，不但影响视觉感受，而且容易造成重要文件的丢失，影响办事效率。

图4-6 宣传栏标准

8. 公告板管理

6S管理强调每一个细节，要求每件事情都按照规章做到位，乱贴乱放本身就是违反6S管理要求的。公告板应当分区管理，如分成"6S专栏"、"公告栏"、"学习园地"等，在每个分区的正上方写上标题，并且要有责任人。责任人有义务监督其他员工是否张贴整齐，有义务维持版面的干净整齐。

4.4 实践活动

制定班级学生操行规则。

第五章

素 养

5.1 什么是素养

素养的定义：养成良好习惯，自觉遵章守纪，培育进取精神，树立团队意识。

素养就是要求我们时刻牢记6S规范，自觉进行整理、整顿、清洁，使6S管理活动更注重实质，而不是流于形式的各种活动。素养能够帮助提高员工素质，培养一种自律的工作习惯。人改造环境，环境改变人，使员工形成一种合作精神，同时改变各个环节的不良习惯，使企业环境得到改善，企业的品牌形象得到提升。

5.2 培养良好素养的目的及意义

5.2.1 素养活动的目的

（1）让企业的每名员工，从上到下，都能严格遵守规章制度，培养良好素质的人才

让每个人都能严格地遵守公司的规章制度，让每个人都知道要在企业里成

长，就必须从内而外地积极主动，都能认为"没有规矩不成方园"、"我要成长，我做好了，企业才能做好。我是一名员工，应明白如何进行整理、整顿以及清洁等工作。"

(2) 促使人人有礼貌、重礼节，进而形成优良风气，创造和睦的团队精神

文明礼貌的作用是巨大的，许多情况下，一个人的文明素养可以消除许多烦恼、融洽团队关系。团队的力量是无穷的，营造良好的团队氛围，如果每一个人都主动、积极地把他责任区范围内的事情经过整理、整顿、清扫，并予以贯彻制度的话，必定能铸就一个优秀的团队。

图5-1　统一的团队会议

(3) 创造一个充满良好风气的工作场所

素养强调的是持续保持良好的习惯。它是一个延续性的习惯，就好像一个人每天早上起来，都习惯刷牙、洗脸，如果哪一天没刷牙、洗脸，就会感觉极不舒服，这就是一种习惯。

培养良好素养的意义

培养良好素养，必须制订相关的规章和制度，进行持续不断的教育培训，持续地推行6S管理中的前4S，直到成为全体员工共有的习惯，每一个人都知道整理、整顿、清洁、规范的重要性。要求每一个员工都严守标准，整理、整

顿、清洁、规范都要按照标准去作业。

一名优秀的人才，应知道如何把东西区分为必要的跟非必要的，东西要取放迅速，在责任区域内应该把事情做好，力争做到零缺点。员工素养的提高可以起到以下作用：

① 教育培训，保证人员的基本素质。

② 推动前面4个S，直至成为全员的习惯。

③ 使员工严守标准，按标准作业。

④ 形成温馨明快的工作氛围。

⑤ 塑造优秀人才并铸造战斗型的团队。

⑥ 提高全员文明礼貌水准。

6S管理所强调的"人的品质"：

◎ 凡事认真的学习

◎ 按照规定办事的习惯

◎ 文明礼貌的习惯

 **5.3 提高中职学生综合素养的方法和途径**

作为学生，我们当前的主要任务是学习生活的知识、学习生存的技能、学习生命的智慧，那么，如何提高自己的素质，从而使自己成为一个真正"有用"的人呢？

一般认为，人的素质包括政治思想素质、科学文化素质、心理品格素质和身体素质四大方面。其中，身体素质是物质基础，科学文化素质是核心，心理品格素质是关键，政治思想素质是主导。一个人素质的高低，就是这几方面综合水平的衡量。素质是底蕴、是内涵，只有高素质，才能转化为高能力。

在这个开放的时代，有一部分人没有远大的理想和抱负，趋向于实用主义，重功利讲实惠，缺乏长远打算、远大理想、抱负和社会责任感，因而没有强大的动力。在现实生活中还存在着许多举止不雅、破坏公共秩序、语言粗俗的人，面对困难没有良好的心理素质。

我们知道做任何事，首先要了解自己，清楚地看到自己拥有什么？缺少什么？自己要得到些什么？

如何提高个人素质？

提高个人素质最起码要做到三点：热爱事业、勤奋学习、努力工作。

正确认识五大需要：

实现需要——事业、成就、理想、贡献；

心理需要——尊重、信任、名誉、荣誉、独立自由；

社会需要——友谊、爱情、集体观念、人际交往；

安全需要——人身、地位、职业的定义；

生理需要——衣、食、住、用。

要提高政治素质，树立正确的价值观、人生观。没有正确的价值观、人生观，一个人无论能力多么优秀，取得多大的成就，都难以长久。我们应当学习、学习、再学习；努力、努力、再努力；坚持、坚持、再坚持。

要学法、知法、懂法、遵法。俗话说得好，国有国法，家有家规。一个人有追求，要发展，不能为所欲为，必须学法、知法、懂法、遵法，在法律许可下发展，要受到约束。所谓约束，就是限制自己不超出规定的范围。人都不喜欢约束，而向往自由，是可理解的。但绝对的"自由"是不存在的。我们要养成自我约束的良好习惯，做一个学法、知法、懂法、遵法的人。

要加强心性修养，提高心理素质。要能正确评价自我，胸襟开阔、豁达大度、积极乐观；要正确对待挫折，克服期望值过高的心理，培养坚韧不拔的毅力；要克服自卑感，增强自信心，培养心理调试能力，以良好的心理素质去迎接挑战。

要掌握好知识，知识是无价之宝，知识是无法用金钱衡量的。知识不仅能给人创造精神和物质财富，而且使人的生活更加有价值和意义。人若有了知识，就有了力量，知识就是力量。

图5-2　堵住了他人车辆出入是有素养的表现吗？

需要记住的是：每个人都有长处，有优点，每个人也都会在不同的时候感受不同的心理状态，比如活泼开朗—忧郁内向，这是不足为奇的，这在每个人的成长过程中都是不可避免的，这就需要自己进行积极的自我心理调节，让自己充分的发挥出自己的潜力。

5.4　实践活动

共同制定方案，培育良好的班级文化：学生进行分组讨论，分析自己班上目前面临的主要管理问题，针对这些问题，设计一套解决方案，建设良好的班级文化氛围。

第六章

安　　全

开展安全活动就是要消除隐患、排除险情，预防事故的发生，其目的是保障员工的人身安全和生产的正常进行，减少经济损失。

6.1 什么是安全

"安全"这个概念，自古有之，"无危则安，无缺则全"讲的便是安全二字的含义；现代人说，安全是一种确保人员和财产不受损害的状态；也有人讲，安全是最大的福，安全是最大的孝，安全是永不凋谢的花……关于安全，不同的角度折射出不同的含义，但是唯一不变的是人们对生命的敬重，对幸福的追求。

企业保证生产安全的目的在于：

① 让员工放心，更好地投入工作。

② 没有安全事故，生产更顺畅。

③ 没有伤害，减少损失。

④ 有责任，有担当，事故发生时能够应付。

⑤ 管理到位，使客户更信任和放心。

6.2 做好安全监督

6.2.1 监督者的职责

组长和班长作为基层组织的管理者，直接领导工人，在现场直接管理材料、设备、机械和工具的使用情况。当然，在履行职务上授予了相应的责任和权利，监督者的主要职责有以下几点：

（1）规定作业程序

在安全的条件下，为了生产更多、更便宜的好产品，需要把作业方法标准化。为此，需要得到全体职工的理解和协助，对作业程序和关键点加以规定（作业标准），并努力实行。

（2）改进作业方法

监督者应注意作业方法上有无危险和是否有害。对现行的作业方法不应满足，而是要坚持怀疑的态度，以更好的作业方法为目标，努力去改进。

（3）适当安排作业者的工作

监督者为了完成工作任务和防止事故的发生，应经常考虑作业者的适应性和工作能力，适当调配人员和分配任务，使工作能在安全的条件下完成。

（4）指导和教育

监督者为使自己分担的工作顺利进行，应该运用自己的知识和经验，指导和教育下级掌握必要的知识和技能，使下级能够提高在安全的条件下自主完成作业的能力。

（5）"作业过程"的监督和指导

监督者通过巡视现场等对作业中的下级进行监督，指导他们遵守作业标准和其他事项，正确地进行作业。

（6）设备安全化以及改善环境

监督者对于现场的设备、机械、装置、工器具、安全装置、有害物质控制装置、保护用具等除保证其完好之外，对不安全的地方要加以改进。

（7）保护环境条件

努力保持作业场所的整理、整顿、清洁以及其他的环境条件。

（8）安全检查

监督者对于自己作业场所的设备、机械、环境要定期检查以及在作业开始前检查，及时发现异常情况，并且加以改进。

（9）异常时的措施

监督者平时要制定发生异常时的措施标准，并对下级进行训练，使下级在作业场所发生异常问题时能够立即采取措施。

（10）灾害时的措施

监督者在发生灾害时，在采取紧急措施的同时，要分析灾害的原因并采取对策，此外，要吸取过去发生灾害的教训，努力防止再发生。

（11）提高安全意识，防止劳动伤害事故

监督者除利用标语、宣传画之外，还要利用早会、TBM（安全作业讨论会）和其他会议等提高下级的安全意识。

6.2.2 安全工作核对表

监督者在安全管理方面可运用以下的核对表来核对安全工作。

表6-1 监督者的安全工作核对表

管理对象	项　目	内　　　容	核　对
管理方面	方针目标	1.是否充分理解了公司的安全方法和目标 2.下级是否了解工作场所的安全活动	
	安全活动	1.工作场所是否有安全管理计划 2.工作场所是否执行了安全管理计划 3.是否评价了安全活动的结果 4.是否有安全标准	
人的方面	对下级的指导	1.对下级的要求是否了解 2.对安全教育的必要性是否努力去发现 3.是否有教育计划 4.是否根据教育计划进行了指导和教育，如新职工教育、特别教育、作业内容变更时教育、其他教育等 5.对危险和有害作业是否进行了重点教育 6.有没有教材 7.对执行结果有无评价 8.有无补充指导 9.对合作公司和包工单位是否进行了指导和教育 10.是否保存了教育结果的记录	
	作业中的指导	1.是否按计划巡视了现场 　（1）作业的服装是否整洁 　（2）是否遵守安全操作 　（3）安全用具、保护用具是否很好使用 　（4）是否清楚安全标准 　（5）是否约定好了共同作业时的联系、打招呼方式 　（6）是否有好的作业位置、作业姿势 　（7）是否遵守了岗位纪律 2.对新员工是否关心 3.在工作岗位上是否有良好的人际关系 4.指示、命令是否适当 5.在语言使用、语气上是否得体 6.是否关心下级的健康情况	

续表

管理对象	项 目	内 容	核 对
人的方面	安全宣传教育的指导	1.有目的的启蒙活动效果如何 （1）宣传画、标语、早会 （2）安全值班、岗位会议、TBM（安全作业会议） （3）安全作业表彰 2.是否有计划地持续实行 3.是否动员员工积极参加预防运动、危险预报运动和安全作业会议	
	下级的钻研、创造	1.对工作是否愿意抱着发现问题的态度 2.是否努力去培养改进小组 3.合理化建设制度的执行是否良好 4.工作场所会议和安全作业会议是否经常召开	
物的方面	机械电器设备、装置的安全化	1.对设备、机械、装置是否努力实现安全化 2.保护用具是否有好的性能 3.机械设备是否有安全装置 4.机械电器装置管理得如何 （1）动力传导装置保护得如何 （2）吊车的安全管理做得如何 （3）装卸运输机械的维护管理做得如何 （4）电气设备、电动工具的安全使用及保养措施如何 （5）对可燃性气体以及其他易燃易爆物品爆炸的管理措施如何 （6）排、换气装置是否有故障	
作业方面	作业环境条件的保持和改进	1.工作场所的布局是否合理 2.是否搞好了整理整顿 3.是否有好的放置方法 （1）高度 （2）数量 （3）位置 4.地方是否合适 5.是否有好的保管方法 （1）危险品 （2）有害物品 （3）重要物品 （4）超长超大物品 6.地面上有无油、水、凹凸不平的现象	

续表

管理对象	项目	内容	核对
作业方面	作业环境条件的保持和改进	7. 明亮度是否足够 8. 温度是否适当 9. 有害气体、蒸汽、粉尘是否在排放允许浓度范围内 10. 防止噪音的措施 11. 躲避通道和场所是否有保证 12. 安全的标识是否科学 13. 是否努力改进环境	
	安全卫生检查	1. 是否制定定期自主检查计划 2. 是否定期进行自主检查 3. 作业开始前是否进行了检查 4. 是否根据检查标准进行了检查：是否有检查表，其检查日期、检查者、检查对象（机器）、检查部位（地方）、检查方法是否都正确 5. 是否有判断标准 6. 是否规定了检查负责人 7. 是否改进了不良地方（部位） 8. 是否保存检查记录	
	作业程序（作业标准）的确认	1. 是否有齐备的作业标准（高度作业、高空作业、爆炸性物质使用作业、使用重量物品作业、从事高压电作业、使用有害物质作业、使用危险品作业、使用着火性物质作业） 2. 对安全问题是否关心 3. 非正常作业的工具箱是否集中在一起 4. 作业变更时是否进行研究和计划修改 5. 研究作业标准方案时是否吸收下级参加 6. 是否定期修改	
	作业方面的改进	1. 进行管理作业时，是否抱着发现问题的态度在管理作业 （1）需要力量大的作业 （2）强迫的姿态或危险岗位的作业 （3）持续长时间的紧张作业 （4）有害健康的作业 2. 在作业方法上是否同下级商量 3. 对不恰当的作业是否进行了改进 4. 研究改进方案时是否把安全放在优先地位	

续表

管理对象	项 目	内 容	核 对
作业方面	适当安排作业者的工作	1. 是否有无资格（条件）者在干危险有害工作的情况 2. 是否有中高年龄层的人在从事危险、高空作业的情况 3. 是否有让经常发生灾害事故者从事危险、有害作业的情况 4. 是否有让身体情况异常者工作的情况	
	发生异常灾害的措施	1. 是否努力及早发现异常情况 2. 是否规定异常时的处理措施标准 3. 下级是否掌握了异常及其处理方法 4. 下级是否掌握了非常情况下的停止方法 5. 是否有非常情况下的躲避标准规定 6. 下级是否掌握了发生灾害时的紧急处理（急救措施）方法 7. 是否有事故、灾害的原因分析以及对策的实施计划 8. 是否保存了异常事故、灾害的记录	

6.2.3 监督者的任务（日常检查的重点）

现场监督者对安全负有极为重要的监督任务。日常必须实行的检查重点有以下几项。

1. 大家出勤以后

① 见面时先问候。

② 确认上一班交代的事情。

③ 收集安全情报，整顿工作开始前集中需强调的问题。

④ 对部下进行脸色观察。

⑤ 带头做广播体操。

2. 工作开始前的机会

① 不能忘记传达上级交代的事项。

② 当天作业中应该注意的安全问题。

③ 对缺勤者和迟到者的确认和传达。

④ 作业前，下级的身体情况有无异常现象。

⑤ 短时间内把要点搞清楚。

3. 安全巡回检查

① 一天一次用30分钟进行巡回检查。

② 主动端正姿势，在服装、态度上起模范作用。

③ 假装看不见会助长不安全的行为。

④ 要及时指导（劝告）和处理。

4. 现场的安全会议

① 每月是否至少开过一次会。

② 工作开始和结束都按照规定时间进行。

③ 对于工厂安全委员会规定的事情，会员是否都理解并彻底贯彻。

④ 对于工厂场所的问题是否作为教训加以吸取。

⑤ 监督者是否把自己的想法和原则告诉下级。

5. 安全教育训练

① 每周是否至少进行一次现场危险预报活动。

② 对特别需要严格遵守的事项是否确实交待给下级了。

③ 作业是否是按作业标准（操作标准）进行的。

④ 对于劳动保护用具是否都能按规定要求正确使用（着装）。

⑤ 是否按所教的（要求）内容进行操作（重要的是确认）。

6.3 开展安全教育

6.3.1 安全教育的目标

工作场所的安全教育目标需要根据现场的具体情况来确定。这就需要管理者很好地掌握现场的实际情况，对现场的安全要从人、物、程序上进行分析，明确什么是影响完成目标的因素，消除这些影响因素，就是现场安全教育的目标。

① 物的方面：主要检查由于看惯了的原因，容易对异常看漏看错。

② 人的方面：劳动保护用具穿着的不合规定，对来协助工作者的教育容易忽视。

③ 作业方面：非正常作业和转换安排时的准备不够，很多时候会感觉突然。

6.3.2 安全教育的内容

安全教育的内容如表6-2所示。

表6-2　安全教育的内容

序号	类别	目的
1	知识教育	（1）对所使用的机械设备的结构、功能、性能要有所了解 （2）使其理解灾害发生的原因 （3）教授与安全有关的法规、标准 （4）不仅使其理解，还要教授其活用的方法
2	解决问题教育	（1）找出原因解决问题，以过去或现场存在的问题为例，使其了解发现问题、查明原因、确认事实、采取对策整个过程中涉及到的手续和方法 （2）指出目标，使其理解处理问题的手续和方法，培养其观察问题的能力，即培养直观能力、分析能力和综合能力
3	技术教育	（1）使其学会掌握作业和机械设备操作方法，掌握程序与重点 （2）培养适应能力，以实际操作为主
4	态度教育	（1）对安全作业从思想上重视并实行 （2）遵守工作场所的纪律和安全纪律 （3）提高工作积极性

6.3.3 安全教育的方法

1. 反复进行

反复地讲给下属听并做给他们看。知识教育要从各种角度去教；技能教育要达到直观、领会和掌握关键；态度教育可以举几个例子使每个人在思想上能够接受，以改变过去的认识和态度。

2. 强化印象

这不是一种抽象的、观念性的教法，而是借助事实和事物来具体地教，以刺激学习人的要求，使其记在心里。

3. 利用"五官"

根据教育内容，很好地利用眼、耳、口、鼻、皮肤等每一项感官进行教授。

4. 理解功能

通俗易懂地讲解功能的结构，为了加深下属的理解，要特别下工夫。

5. 利用专栏、板报进行安全教育

将安全教育的内容以看板的形式展示出来。

6.3.4 实景图片展示

图6-1

图6-2

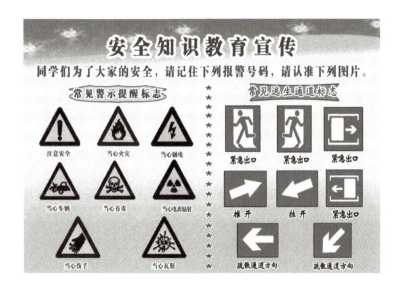

图6-3

6.4 做好安全识别

安全识别主要是利用颜色来刺激人的视觉，以达到警示的目的，并作为行动的判断标准，起到危险预知的作用。在工厂生产中所发生的灾害或事故，大部分是由于人为的疏忽所致，因此，有必要追究到底是什么原因导致了这些事故；有必要研究如何让预防工作不再疏忽。其中，利用安全色彩是很有必要的一种手段。

6.4.1 安全色

1. 安全色的含义和用途

安全色的含义和用途如表6-3所示。

表6-3 安全色的含义和用途

颜色	含义	用途举例
红色	禁止 停止	(1) 禁止标志 (2) 停止信号：机器、车辆上的紧急停止手柄或按钮，以及其他禁止人们触动的部位
		红色也表示防火、消防设备和其他安全防护设备的位置
蓝色	指令必须遵守的规定	指令标志：如必须佩戴防护用具，道路上指引车辆和行人行驶方向的指令等
黄色	警告 注意	(1) 警告标志 (2) 警戒标志：如厂内危险机器和坑池周围需引起注意的警戒线等 (3) 行车道中线 (4) 机械上齿轮向内部 (5) 安全帽
绿色	提示 安全状态 通行	(1) 提示标志 (2) 车间内的安全通道 (3) 行人和车辆通行标志

注：① 只有与几何图形同时使用时，蓝色才表示指令。
② 为了不与道路两旁的绿色行道树木混淆，道路上的提示标志用蓝色。

2. 对比色

使用对比色是为了通过反衬而使安全色更加醒目。如安全色需要使用对比色时，应按相关的规定执行。如表6-4所示。

表6-4 对比色表

安全色	相应的对比色
红色	白色
蓝色	白色
黄色	黑色
绿色	白色

注：① 黑色用于安全标志的文字、图形符号和警告标志的几何图形；白色也可用于安全标志的文字和图形符号。
② 红色和白色、黄色和黑色间隔条纹，是两种较醒目的标示。

3. 安全色使用标准

（1）红色

红色表示禁止、停止、消防和危险的意思。凡是禁止、停止和有危险的器件设备或环境，应涂以红色的标记。

（2）黄色

黄色表示警示。警示人们注意的器件、设备或环境，应涂以黄色标记。

（3）蓝色

蓝色表示指令以及必须遵守的规定。

（4）绿色

绿色表示通行、安全和提供信息的意思。凡是在可以通行或安全的情况下，应涂以绿色涂记。

（5）红色和白色相间隔的条纹

红色与白色相间隔的条纹，比单独使用红色更为醒目，表示禁止通行、禁止跨越的意思，用于公路、交通等方面所用的防护栏杆及隔离墩。

（6）黄色与黑色相间隔的条纹

使用黄色与黑色相间隔的条纹比单独使用黄色更为醒目，表示特别注意的意思，用于起重吊钩、平板拖车排障器、低管道等方面。相间隔的条纹，两色宽度相等，一般为10 mm。在较小的面积上，其宽度可适当缩小。每种颜色不应少于两条，斜度一般与水平呈45°。在设备上的黄、黑条纹，其倾斜方向应以设备的中心线为轴，呈对称形。

（7）蓝色与白色相间隔的条纹

蓝色与白色相间隔的条纹，比单独使用蓝色更为醒目，表示指示方向，用于交通上的指示性导向标。

（8）白色

标志中的文字、图形、符号和背景色以及安全通道、交通上的标线用白色。标示线、安全线的宽度不小于60 mm。

（9）黑色

禁止、警告和公共信息标志中的文字、图形都应该用黑色。

6.4.2 安全标志

安全标志是由安全色、边框和以图像为主要特征的图形符号或文字构成的标志，用以表达特定的安全信息。安全标志分为禁止标志、警告标志、命令标志和提示标志四大类。

1. 禁止标志

禁止标志是禁止或制止人们要做某种动作，其基本形式是带斜杠的圆边框。禁止标志的颜色如表6-5和图6-4所示。

表6-5 禁止标志的颜色

部位	颜色
带斜杠的圆边框	红色
图像	黑色
背景	白色

图 6-4

2. 警告标志

警告标志是促使人们提防可能发生的危险，警告标志的基本形式是正三角形边框，警告标志的颜色如表6-6和图6-5所示。

表6-6 警告标志的颜色

部位	颜色
正三角形边框、图像	黑色
背景	黄色

图 6-5

3. 命令标志

命令标志是必须遵守的意思，命令标志的基本形式是圆形边框。命令标志的颜色如表6-7和图6-6所示。

表6-7 命令标志的颜色

部位	颜色
图像	白色
背景	黑色

图 6-6

4. 提示标志

提示标志是提供目标所在位置与方向性的信息，提示标志的基本形式为矩形边框。提示标志的颜色如表6-8和图6-7所示。

表6-8 提示标志的颜色

部位	颜色
图像、文字	白色
背景	一般提示的标志用绿色，消防设备的提示标志用红色

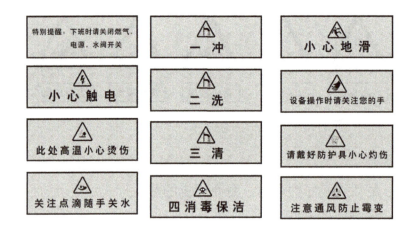

图 6-7

6.4.3 补充标志

补充标志是安全标志的文字说明，必须与安全标志同时使用。补充标志与安全标志同时使用时，可以互相连在一起，也可以分开。当横屏在标志的下方时，其基本形式是矩形边框；当竖写时，则写在标志杆的上部。补充标志的规定如表6-9和图6-8所示。

表6-9 补充标志的规定

补充标志的写法	横 写	竖 写
背景	禁止标志—红色 警告标志—白色 命令标志—黑色	白色

续表

补充标志的写法	横 写	竖 写
文字颜色	禁止标志—白色 警告标志—黑色 命令标志—红色	黑色
字体	黑体	黑体

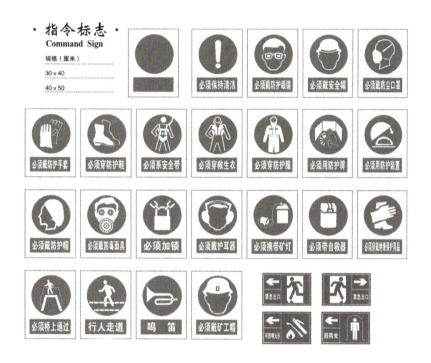

图 6-8

6.5 服装、劳保用品

劳保用品的最大作用就是保护员工在工作过程中免受伤害，或者防止形成职业病。但在实际生产中，很多员工却对此理解不够，认为劳保用品碍手碍脚，是累赘。这就要求管理者持续不断地加强教育、严格要求，使员工形成习惯，绝不能视而不见。

事故举例

某纺织厂有个规定,试车的时候不能戴手套。李明是厂里的老员工,多次被厂里评为优秀员工,有很丰富的工作经验。也许正是这些经验让这位德高望重的老员工存在一种侥幸的心理,所以他经常在试车的时候违规戴手套。碍于情面,班长赵军也不好说他什么,就私下叫王刚去提醒他注意一些。对于王刚的提醒,李明却满不在乎地说:"放心了,不会有什么问题的,我吃的盐比你吃的饭还多呢!"

结果,一次试车时,手套绞入了机器里面,把李明的手也带了进去,随即,一幕惨剧发生了,鲜红的血洒了一地。

6.1 劳保用品的种类

1. 服装

(1) 作业帽

作业中即便没有飞来的东西或落下来的危险物品,为了保持作业场所的纪律也要戴好作业帽。

(2) 作业服

作业服要合身、轻快、清洁。作业服不仅要适合寒暑假的温度变化,还必须考虑符合安全的要求。

(3) 鞋

鞋要轻快,便于行动,不能容易绊倒或打滑。根据作业内容或工作场所不同,有的岗位还需要穿安全鞋或放电鞋。

(4) 手套

为了防止手脏和保护手指而戴手套。进行有可能被机器卷进的危险作业时,不允许戴手套。

2. 保护用具

(1) 保护安全用具的种类

包括安全帽、保护眼镜、防噪音保护塞、安全鞋、安全带、防尘和防毒面具、绝缘保护用具。

(2) 保护用具的使用要求

穿戴保护用具时，一般应该注意以下事项：

① 站在作业者的立场，选用适合作业者的保护用具。

② 定额标准要够用。

③ 指定保护用具的管理者。

④ 规定管理(修理、检查)的方法。

⑤ 教会作业者使用方法。

⑥ 强调必须使用必要的保护用具。

在选择个人防护用品时，不仅要注意防护效果，还应考虑是否符合生理要求、便于利用。在使用时，还需加强管理和检查维护，才能达到应有的防护效果。

图 6-9

6.3.2 劳保保护用具的严格管理

作为管理者，一定要对本工厂、本车间在哪些条件下使用何种劳保用品做充分的调查，同时，要对各种劳保用品的用途有所了解，为员工配备相应的劳动保护用具，并制定严格执行的规定。

劳保用品发放和使用管理规定示例：

劳保用品发放和使用管理规定

一、目的、范围

为规范劳保用品的发放和使用工作，确保劳保用品能真正地起到保护作用并减少浪费，特制定本规定。

二、适用范围

本规定适用于本公司生产部门劳保用品的发放与领用。

三、总要求

（1）劳保用品是公司提供给员工在有危险性场所工作时使用的，公司的每一位员工都有相应的日常劳保用品。公司应当有一定的库存，以确保及时更换。

（2）非日常工作所需的特殊劳保用品也必须具备。

（3）公司有义务培训公司的各位员工能熟练掌握劳保用品的相关技术。

（4）对于低值易耗品，要确保充足；对于可长久使用的，要确保有一定的库存。所有个人的用品必须注名以标示。

四、管理规定

1.穿戴劳保用品的强制执行措施

（1）在特定的区域穿戴劳保用品以完成特定的任务，必须强制执行。任何有违反规定者将受到纪律处分。

（2）如果用一些劳保用品来做一些不合格的或违反劳保用品本身用途的行为，同样要受到纪律处罚。

2.劳保用品的申领

根据不同的工作性质使用不同的劳保用品。劳保用品申请单由工人填写，上交给生产主管。如前所述，所有劳保用品都必须经所有者确认并签字。劳保用品因损坏或过期等原因而需要更换的，员工应去生产主管处填写《更换申请表》。

3.不同人员的劳保用品数量及更换时间要求

(1) 生产操作工

生产操作工的劳保用品

劳保用品名称	数量	更换
连体工作服	3	根据需要
衬衫/夹克/裤子	3	根据需要
安全帽	1	至少每三年
安全鞋	1	至少每两年
眼镜	1	根据需要
护目镜	1	根据需要
雨衣	1	根据需要
防毒面具	1	根据使用期限
护耳器	1	根据设备要求

(2) 维修工人

维修工人的劳保用品

劳保用品名称	数量	更换
连体工作服/夹克/裤子	2	根据需要
衬衫	1	根据需要
安全帽	1	至少每三年
安全鞋	1	至少每两年
眼镜	1	根据需要
护目镜	1	根据需要
雨衣	1	根据需要
防毒面具	1	根据使用期限
护耳器	1	根据设备要求

(3) 实验室人员

实验室人员的劳保用品

劳保用品名称	数量	更换
实验服	2	根据需要
袖套	2	根据需要
安全帽	1	至少每三年
安全鞋	1	至少每两年
眼镜	1	根据需要
护目镜	1	根据需要
雨衣	1	根据需要
防毒面具	1	根据使用期限
护耳器	1	根据设备要求

4. 使用劳保用品的特定区域

不同区域需佩戴的劳保用品

劳保用品\区域	安全帽	安全鞋	安全眼镜	安全护目镜	连体工作服	实验服	耳塞	防毒面具/防尘口罩
车间	√	√	√	特殊工作	√	×	特殊工作	特殊工作
走在办公楼与工厂之间	√	*	√	×	×	×	×	×
实验室	×	×	√	特殊工作	×	√	特殊工作	特殊工作
模具车间	×	×	√	×	×	×	√	√
控制室/办公室	×	×	×	×	×	×	×	×

说明：① √指被推荐要求的；×指不要求的；*指不要求但是被推荐的。
② 参观者同样要求佩戴相应的劳保用品，如焊工帽、安全眼镜、防护服等，在特殊的场合同样需要。

5. 公司各类个人劳保用品描述及用途

（1）连体外套

连体外套是指从颈部以下一直保护到手腕和膝盖的外套。通常锅炉工的服装是棉质的，这样的外套只能在操作原料时避免弄脏自己，但不可防酸、碱的腐蚀，当有特殊要求时，就得穿用PPE材料制成的工作服。

（2）实验室

实验室人员必须穿棉质的实验服，实验服要过大腿，如同连体外套。实验服只能作普通防沾染用，不可防酸碱。

（3）袖套

袖套戴在实验室外，可以防化学品的喷溅。

（4）雨衣

实验室的人员和生产车间的人员都要有雨衣。雨衣是提供给大家雨天使用的，必要时，现场操作也可使用。

（5）鞋类

进入生产区的人员都要穿钢头的安全鞋。一些特殊的工作场所还要穿靴子。所有人都要求穿包住脚面的鞋子。

（6）头部保护

头部保护通常是头盔。标准的头盔是塑料的外壳，内有一节网罩。头盔能很好地保护物体承受撞击。某公司每三年更换一次头盔，旧的头盔均要销毁。

（7）耳朵保护

耳朵的保护通常有两种方式，一种是耳塞，另一种是耳罩。戴耳罩时要确保能戴好安全帽。防耳器能很好保护耳朵防止外界的声音干扰，同时又能听到一定范围内的声音。

（8）眼睛、脸的保护

根据不同的危险等级可以采用以下不同的保护方法：

① 安全眼镜

安全眼镜对一些低危险化学品的喷溅有防护作用。根据使用者的需要，安全眼镜可以是有透镜作用的。在处理固体原料、切割或割据时，戴安全眼镜的作用较小。

② 护目镜

护目镜能全面地遮住眼睛，避免其他物质进入眼睛，也就是说，好的护目镜戴上后，是不可能有杂物可进入眼睛的。在操作化学品或割、锯设备时，护目镜能有效地防止化学品进入眼睛或消除对眼睛的冲击，所以必须按规定佩戴护目镜。

护目镜能够很好地保护眼睛。如果再加一个面罩，就同时对脸部和眼睛都起到很好的保护作用。

③ 面罩

有些工作要求不光戴护目镜，还要戴面罩。一个好的面罩可以很轻松地安装在安全帽上。当有飞溅物溅到脸上时，人的本能反应就是转开脸，就可能有东西进入眼睛，这时面罩可以很好地保护脸部。在操作一些固体物质时，戴面罩足够了，但在切割、锯时，面罩还是不行。

(9) 呼吸保护

① 可重复利用的粉尘和化学品口罩

半面罩或全面罩，更换活性炭盒之后能长期使用。面罩的基体通常是橡胶、氯丁橡胶、硅胶，有两个或单个活性炭盒。半面罩能遮住眼睛和鼻子，而全面罩还能遮眼睛(两种面罩都能有效地保护眼睛免受粉尘和蒸气的冲击)。活性炭盒可以任意更换且有明确的使用期，它能够有效地防止粉尘、酸、碱或酸碱化合物的侵蚀。

② 一次性口罩

当工作场所有粉尘但无毒时，如尿素、三聚氰胺、沙尘、锯末、切割的溅渣等，可用一次性口罩。

(10) 手的保护

佩戴手套之类的保护用品是为了工作时手不被损伤，同时具有卫生作用。

有两种材料的手套可用在工作现场，橡胶或PVC的，它们都能有效地防止化学品的侵蚀，同时又能很方便地洗去手套上的化学品。这些手套有耐摩擦性，但不可长期使用。过多的机械摩擦对手套的耐用性必定会有影响。经常沾染到化学品的环境，皮革手套就不理想。

手套有污染，不可随便放在口袋里。很多手套可洗的，其接触的原料也都是溶于水的，胶在没干之前也可清除掉(如在变干、变硬前)。

① PVC手套

PVC手套对现场的所有化学品都有用(包括浓酸、碱)。手套的内层要有一层棉布，那样戴起来会比较舒服。当手套沾有浓酸或浓酸时要及时洗掉。这样的手套在很多工作场所都可以使用，并且是可洗且耐摩擦的。

② 橡胶手套

当工作需要保护手臂时，要戴橡胶手套。这种手套可防化学品，在沾有化学品之后还可洗，但它的保护性能要比PVC的差。

③ 皮革手套

在工程工作过程中有可能沾染液体或少量化学品时，要戴皮革手套。这些手套很适合在操作设备或热工作(如切、割、焊等)时使用。只有工程人员或工程助理有必要戴皮革手套。

6. 特殊的PPE

(1) 甲醛车间取样

① 全面罩

② 手套

(2) 制胶车间取样

① 护目镜

② 手套

(3) 维修

特殊工种特殊的PPE

（4）散装三聚氰胺、尿素

防尘面罩

（5）操作酸、碱时

① 防化服

② 手套(手按皮肤不可露在外面)

③ 全面罩

7. 特殊工种的PPE

以下特殊的工种必须配有特别的PPE：接触沾有高危险化学品的容器入口，处理高浓度酸、碱或处理高腐蚀性的原料或高毒性的原料。

（1）防化服

防化服的表里层材料都是防化学沾染的。操作高浓度酸、碱时，必须穿防化服；执行高危险的工作时(如维修危险原料的设备和管线)，必须穿防化服；防化服不是一次性的，用后必须及时清洁，以便以后使用。

（2）防毒面具

任何人使用防毒面具前都要进行培训。在危险的空气条件下工作，必须戴防毒面具。列举如下：

① 进入有毒的容器内或低氧的容器内或执行紧急任务(如关阀或停泵)时，救火(用消防管)及急救。

② 在有毒且低电位的场所工作，要佩戴特殊的防毒面具。所有员工都要参加紧急跑离的培训。然而只有一部分人需要培训使用防毒面具(消防、急救、工厂紧急关闭)。

6.6 确保机械设备的安全

1. 机械、设备的安全化

这部分的工作就是人和物的结合，如果由于人的马虎或判断出现错误，就得想办法用物来弥补这个缺陷。例如，作业者的行为不安全时，机械设备可以自动停止。也就是说，在机械设备上的危险部位要安装一种保护用的回转体，一旦遇到异常，如身体接触，机器就停止转动。

2. 从根本上解决安全化

① 表面上的安全性：机械设备安全的基本条件是消除表面上的危险性。

② 强度上的安全性：考虑使用上的各种特殊情况，在设计和制造上需要考虑保险系数。

③ 功能上的安全性：没有"防止错误装置"或"安全装置"，即使操作错误或动作错误，也可不至于发生大的事故或灾害。

④ 操作性：机械设备必须使作业者能够安全容易地操作。

⑤ 维护性：机械设备必须定期拆卸维修、检查和注油，设备在结构上必须具备保证这些作业安全和方便的条件。

3. 机械设备安全化的要点（防止五种恶性灾害事故）

① 机械设备安全化：安装或设置罩、盖、围子、动力隔断装置、安全装置和安全栅栏等。

② 电气设备的安全化。

③ 为防止爆炸和火灾的设备安全化。

④ 为防止发生坠落灾害的设备安全化。

⑤ 为防止崩溃灾害发生的设备安全化。

6.7 作业环境的安全性

1. 创造舒适的作业环境

① 经常换气。

② 确保通道安全。

③ 整理、修好地面。

④ 彻底整理、整顿。

⑤ 适当改进照明条件。

⑥ 改进温度条件。

2. 安全色彩和标志

机械或作业环境的色彩选择注意以下几项：

① 使作业环境舒适。

② 减少眼睛疲劳。

③ 增强注意力。

④ 标示危险。

⑤ 使整理整顿容易做。

3. 工作场所的明亮度

确定明亮度时，应注意以下几项：

① 根据作业要求确定适当的照度。

② 一般作业灯不晃眼。

③ 光源不动摇。

④ 对作业表面和作业面的明亮度不要有很多的差别。

⑤ 对光亮的颜色要适合作业的性质。

图6-10 明亮的工作场所

6.8 消防安全

6.8.1 管理要点

① 保持消防通道畅通。

② 禁止在消火栓或配电柜前放置物品。

③ 灭火器应在指定的位置放置并处于可使用状态。

④ 易燃品的持有量应在允许范围之内。

⑤ 所有消防设施设备应处于正常待使用状态。

⑥ 空调、电梯等大型设施设备的开关及使用应指定专人负责或制定相关规定。

⑦ 电源、线路、开关及使用应指定专人负责或制定相关规定。

⑧ 动火作业要采取足够的消防措施，作业完成后要确保没有火种遗留。

6.8.2 配备基本的消防设施

（1）室内消火栓

图 6-11

（2）室外消火栓（消防车紧急供水，任何人不得私自动用）

图 6-12

（3）灭火器

图 6-13

（4）防毒面具、应急电筒（应急使用）

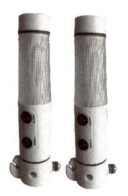

图 6-14　　　　　　图 6-15

（5）安全出口指示灯

图 6-16

（6）烟感、温感报警器

图 6-17　　　　　　　　　图 6-18

（7）应急照明灯（壁挂式）

 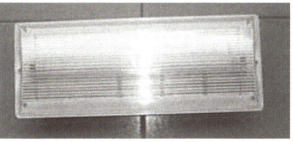

图 6-19　　　　　　　　　图 6-20

（8）火警手动报警器

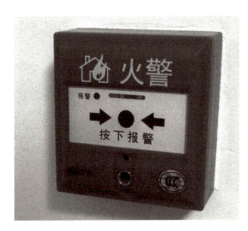

图 6-21

（9）事故广播

图 6-22

（10）提示禁止标志

图 6-23

（11）消防服、隔热服

图 6-24　　　　　　　　　　图 6-25

（12）消防宣传栏

图 6-26

6.8.3 对消防器材进行定位与标志

消防栓、灭火器等平常备而不用，一旦需要用时，又往往要分秒必争。由于这类设备平时使用到的机会比较少，因而很容易被人忽视。所以，企业应对这些消防器材善加管理，以备不时之需，具体可采用以下几种方法：

1. 定位

对于灭火器等消防器材，要找一个固定的放置场所，当意外发生时，可以立刻找到灭火器。另外，假设现场的灭火器是悬挂于墙壁上，当灭火器的重量超过18 kg时，灭火器与地面的距离应低于1 m；若灭火器的重量在18 kg以下，则其高度不得超过1.5 m。

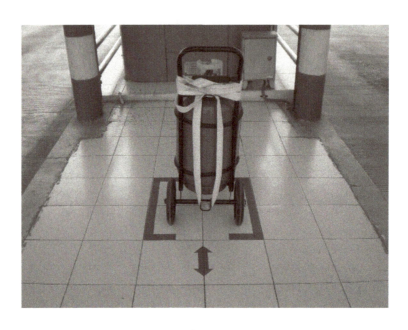

图 6-27

2.标志

工厂内的消防器材常被其他物品遮住，这势必延误取用的时机，所以要严格规定，消防设备前面或下面禁止放置任何物品。

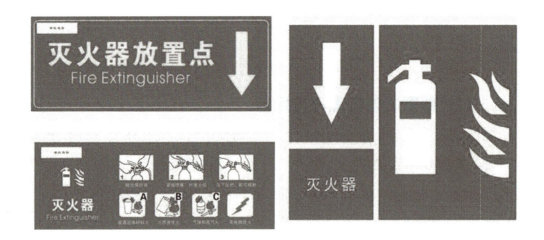

图 6-28　　　　　　　　　　　　图 6-29

3. 禁区

消防器材前面一定要保持畅通，这样才不会造成取用时的阻碍。所以，为了避免被其他物品的占用，在这些消防器材前面一定要规划出安全区，并且画上"老虎线"，提醒大家共同遵守安全规划。

4. 放大的操作说明

通常是在非常紧急的时刻才会用到消防器材，这时，人难免会慌乱，而在慌乱的情况之下，恐怕连如何使用这些消防器材都忘了。所以，最好是在放置这些消防器材的墙壁上贴上一张放大的简易操作步骤说明图，让所有人来参考使用。

图 6-30

5. 明示换药日期

注意灭火器内的药剂是否过期，一旦过期，一定要及时更新，以确保灭火器的可用性。把该灭火器的下一次换药期明确地标示在灭火器上，让所有人共同来注意安全。

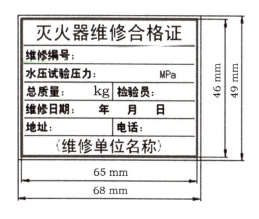 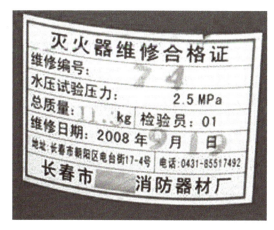

图 6-31

6.8.4 定期组织员工进行消防培训和消防练习

管理者平时要强化员工的消防安全知识，同时，为提高其火灾防控能力和突发事件应急救援能力，企业可定期组织员工进行应急疏散演练及消防安全知识培训。

消防安全培训与演练的内容包括以下几个方面：

1. 火灾的性质与发展阶段

① 火灾的性质：首先要弄清是电起火还是由其他物质引起的火灾。若为电起火，一定要先切断电源，然后再展开扑救。室内火灾具有三个特点：突发性、多变形、瞬时性。

② 火灾发展的四个阶段：初起、发展、猛烈、熄灭。

2. 灭火的方法

灭火的方法包括冷却法、窒息法、隔离法、抑制法等。

3. 了解各种灭火器（手提式、推车式）的使用

灭火器种类有干粉灭火器、泡沫灭火器、二氧化碳灭火器、1211灭火器等。

（1）手提式灭火器的使用和要领（1人操作）：

① 左手提起灭火器，将灭火器上下颠倒几次，使干粉预先松动。

② 跑向起火地点至2 m处，站在着火点的上风向，逐渐靠近着火点（或物），用手拔去保险销，右手握住喷嘴，左手用力压下压把，对准火焰的根部左右扫射，由近及远，快速推进，不留残火，以防复燃。

③ 对于油类火灾，应避免冲击液面，以防液体溅出，造成火灾的扩大。

（2）推车式灭火器的使用和要领(2人操作)：

① 将灭火器推到火场（着火点）3～4 m处，背向火源（置于上风向）。

② 一人两手紧握喷枪，双脚站稳，枪口对准火焰边缘根部；另一个人拔出保险销，打开开关（慢慢开启），将干粉喷出；二人协同，由近及远，将火扑灭，不留残火，以防复燃。

③ 对油类火灾，应避免冲击液面，以防液体溅出，造成火灾的扩大。

注意：该灭火器的使用，只有在初级火灾中使用，对非初起火灾，不得使用（发展期火灾和最盛期火灾无效）。

4. "三级教育"、"四懂"、"三会"、"四利用"、"五不要"

(1) "三级教育"

(消防)厂级教育、车间级教育、班组级教育。

(2) "四懂"

懂岗位火灾危险性、懂岗位预防火灾措施、懂岗位灭火方法、懂火灾报警方法。

(3) "三会"

第一会：会报警，包括电话报警（119）、手动报警（按钮报警、击破报警）、自动报警（烟感报警、温感报警）。使用电话报警时要沉着、冷静，不要恐慌，要讲清楚火灾地点、火情火势以便及时救护。在报警的同时，要利用消防器材进行灭火。

第二会：会扑灭初起火灾，会使用灭火器。

第三会：会逃生和组织他人逃生。当你被困在火场内生命受到威胁时，在等待消防员救助的时间里，如果你能够利用地形和身边的物体采取有效的自救措施，就可以让自己的命运由被动转为主动，为生命赢得更多生机。火场逃生不能寄望于急中生智，只有靠平时对消防常识的学习、掌握和储备，危难关头才能应付自如，从容逃离险境。正确的逃生要领有以下几点：

① 听到火警铃时，所有人员立即停止工作，关掉所有机器设备。

② 火警发生时，辨明着火地点，选择正确的逃生路线，沿着畅通的走火路线逃离危险区域，或沿着指引人员指示的路线逃生。

③ 走火灾专用通道或楼梯离开火场，切勿乘电梯，不得在逃生通道逗留或等人。

④ 在浓烟区靠近地面的空气相对比较新鲜，所以在逃生时尽量伏地而行。

⑤ 逃生时切勿呼叫，以免吸入过量浓烟而而引起窒息。

⑥ 逃生要有序和互助，切勿推挤、踩踏。

⑦ 在大火封路时，用身边的灭火器开辟逃生通道。

⑧ 忌火场开窗，以免空气流通而增大火势，但大火封路，取道逃生除外。

⑨ 身上着火，不能乱奔跑，应当脱掉衣服或就地打滚，用身体把火压灭，

之后尽量采取冷却方法。

⑩ 在无法逃出的情形下，尽量躲在洗手间等可封闭、有水或其他可延缓火势抵达的相对安全的地方，为救援赢得时间。在等待救援时要尽量向外发放求救信号。信号应为与环境背景条件相反、易被发现的实物信号或声音信号。

（4）"四利用"

利用建筑物本身的疏散设施；利用缓降器；利用自救绳；利用避难空间。

（5）"五不要"

不要乘电梯；不要向角落躲避或死胡同；不要因穿戴衣物、寻找贵重物品而浪费时间；不要私自重返火场救人或取财物；不要轻易跳楼。

5. 消防演练

以消防水灭火的编队演练为例。消防水五人组合灭火（水压较高的灭火行动）行程有以下几点：

① 接警后，先到者为第一人，迅速打开消防箱，取出消防水枪，警示随后者，并迅速跑向火场，选择灭火的最佳位置。

② 第二人迅速提起一盘水带，跑出15 m左右抛出，丢一头，携带另一接头，紧跟第一人，接好水枪并帮助把持水枪。

③ 第三人提起一盘水带，丢下一头，携带另一接头，紧跟第二人，接上第二人丢下的水带接头，然后跟进帮助把持水枪。

④ 第四人抬起第三人留下的水带接头，并接到消防栓的接头上，然后跟进帮助把持水枪。

⑤ 第五人打破消防控制器玻璃，待第四人接好水带后，迅速开启消防水，出水灭火，并根据情况帮助整理水带，必要时，帮助把持水带。

6.9 安全检查

1. 工作场所时刻在变化

在进行生产的工作场所中，原材料在流动，机器在运转，作业者在动作，一切流动和固定的物质以及作业者的状态都在变化。面对这些变化，监督者往往不容易分清问题，可能会把异常状态看做是正常现象。监督者对这种异常事故或灾害需要及早发现并加以纠正而使其恢复正常。

2. 为什么需要检查

工作场所的机械设备、治工具等在崭新的时候能够保持正常状态，但随着时间的推移和设备的运转，机械设备会不断地磨损和老化。因此，对于工作场所人和物的不安全地方和因素，需要随时和定期地进行检查，发生问题及时加以改进或纠正，这就是安全检查。安全检查的重点有以下几点：

① 设备、机械、装置、治工具等各部分的保护是否经常处于良好状态。

② 对危险或有害物品的使用管理是否符合安全的要求。

③ 安全装置和保护用具是否安全。

④ 通道、地面和楼梯是否安全。

⑤ 照明、通风换气等作业环境条件是否合适。

⑥ 作业者的行动是否符合安全标准。

3. 实施检查的注意事项

① 安全检查制度化。

② 安全检查时也要检查安全情况。

③ 有计划地进行检查。

④ 检查时必须填写检查表，纠正后一定要确认，看看情况如何。

⑤ 对运行中和使用中的设备要确认有无异常情况。

⑥ 对作业者不可随意表示同情。

⑦ 对指出的问题采取措施后进行确认。

6.10 实践活动

学生根据学校制定的教室、宿舍6S管理标准对教室、宿舍安全进行检查，由老师和班干部共同对教室进行检查，可根据相关6S管理标准制定具体检查表进行逐项检查打分。

第七章

开展6S的方法

7.1 寻宝活动

寻宝活动是6S推行过程中一种有趣的整理方法。所谓"宝",指的是生产过程中的无用物品。

7.1.1 实景图片展示

图7-1

图7-2

7.1.2 内容解读

寻宝活动就是在6S整理的环节中,找出无用物品,并进行彻底整理的过程。

1．寻宝活动的意义

① 针对各个场所里的一些死角、容易被人忽视的地方进行的整理活动,目的明确、针对性强、容易取得实效。

② 它具有很强的趣味性,有利于提高员工的参与度和积极性。

③ 它能够打破部门、区域之间的界限,保证所有角落都能够得到治理。

2．寻宝活动的实施步骤

（1）制订寻宝活动计划

计划中包括奖励措施、责任区域、寻宝标准、集中摆放场所和时间期限等。

（2）实施寻宝活动

员工要收集清理出的物品,将其统一摆放到指定的场所,同时要做好以下工作：

① 对处理前的物品或状态进行拍照,以记录物品的现有状态。

② 对清理出的物品进行分类,并列出清单。清单中应记录物品的出处、数量,并提出处理意见,按程序报相关部门审核批准。"不用物品处理记录表"如表7-1所示。

表7-1　不用物品处理记录表

部门　　　　　　　　　　　　　　　　　　　　　　　　　　年　　月　　日

物品名称	规格型号	单位	数量	处理原因	所在部门意见	6S推进委员会意见	备注

制表：　　　　　　　　审核：　　　　　　　　批准：

③ 调查物品的出处,员工清理物品前需获得使用部门的确认。

（3）确定和分类处理

将物品集中之后，组织者应及时进行集中评价，确定物品的处理方法。物品的处理方式一般有如下五种：

① 确实无用的物品予以报废。

② 将本部门不需要而其他部门用得上的物品，调拨给需要的部门。

③ 对积压的原材料，尽量与原生产厂家进行协商或降价出售。

④ 机械设备可作为旧货降价出售；工装、模具应尽量改做他用；将无使用价值的物品作为废品出售。

⑤ 对易造成环境污染的不用物品，交由有处理资质的单位处理，防止发生环境污染。

（4）进行账面处理

对于无用物品，财务部要做必要的账面处理以备日后账目核对。

（5）总结表彰

活动结束后，组织者要进行必要的总结，按照事先约定的标准，选出优秀的部门和个人，并给予表彰与奖励。

7.1.3 要点提示

寻宝活动必须有章可循，必须依照约定的时间、区域和标准等来进行。

7.2 定点摄影

定点摄影是一种常用的6S活动方法，是指在同样的位置、同样的高度、同样的方向对同样的物体进行连续拍摄，以便清晰地对比改善状况，让员工了解改善进度和改善效果。

7.2.1 实景图片展示

图7-3

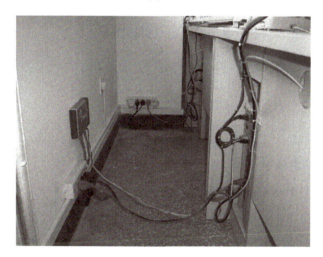

图7-4

7.2.2 内容解读

1.含义

所谓定点摄影，就是在同一地点、同一方向，将工厂不符合6S规定之处拍摄下来并张贴在大家都看得到的地方，然后将改善后的效果也拍摄下来公布，两相对比使大家了解改善的成果。定点摄影主要包含以下内容：

① 将实施6S前的情形与实施6S后的状况进行定点"摄影"。

② 制作海报，将照片展示出来，使大家都能看到改善情形并相互比较。

2. 定点摄影的作用

① 定点摄影的照片可以作为各部门揭露问题和自我反省的材料。

② 改善前的现场照片能促使各个部门尽快采取解决措施，而改善后的现场照片能让员工获得成就感与满足感，形成进一步改善的动力。

3. 照片的运用

除了将照片贴在员工看得见的公告栏上之外，企业还应将其贴在特制的图表上，并以此为基础召开会议。

在"定点摄影图表"（如表7-2所示）上的第一阶段（通常安排四个阶段）记下拍摄日期，贴上照片，计入评分。评分从低到高依次为1分、2分、3分、4分、5分。建议栏的填写较随意，可以由上级填写建议，也可作为对员工的要求等。

表7-2 定点摄影图表

阶段	照片	摄影日期	评分	建议

4. 定点摄影的注意事项

企业实施定点摄影时，要做好以下工作：

① 拍摄前必须征得被拍摄者的同意。

② 拍摄时，拍摄者应尽量站在同一位置，面向同一方向。如果要变焦，应使用同一焦距。

③ 照片上要印上日期。定点拍摄的前后两张照片的不同点只是反映和改善前后的状况和拍摄的日期。

7.2.3 要点提示

定点摄影能使企业发现许多需要改善的地方，为6S的持续推行提供参考依据。

7.3 红牌作战

红牌作战是使用红色标签对企业各角落的问题点进行明示和整理的方法，是6S活动的运用技巧之一。

7.3.1 实景图片展示

车辆随意停放，可贴红牌督促，及时整改

图7-5

消防水带用后没有归位，且内有垃圾，应贴红牌督促整改

图7-6

物品摆放凌乱，切屑与垃圾混和，应贴红牌督促整改

图7-7

工具柜内量具乱放，应贴红牌督促整改

图7-8

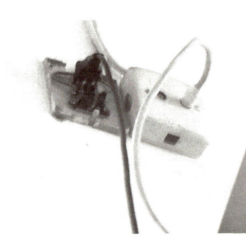

没有防护盖的插座仍在使用，有严重安全隐患，应贴红牌督促整改

图7-9

7.3.2 内容解读

1. 红牌作战的内容

(1) 整理

在整理的过程中,员工应该能够清楚地区分出要与不要的物品,留下必需要的物品,彻底抛弃不要的物品。

(2) 整顿

在整顿的过程中,员工需要按照"定物、定位、定量"的基本原则,针对需要改善的事情、地点和物品,分别用"红牌"标示出来。

(3) 清洁

在清洁的过程中,员工要分析具体的"红牌"问题,寻找问题产生的根源,进而提出根本的解决方法,尽量减少工作场所中的"红牌"数量。

(4) 规范

通过制定作业规范和工作标准,来整改已有的红牌区域,从而减少红牌数量。

(5) 素养

在培养素养的阶段中,红牌作战可以帮助员工养成良好的工作习惯,提高自身素质。

(6) 安全

在不安全的地方或是存在安全隐患的区域贴上红牌。

2. 红牌作战实施步骤

(1) 成立红牌作战小组

红牌作战小组组长由具有决策权的厂长、总经理或董事长担任,成员主要是生产、仓储、技术、品管、营销等部门的主管。

(2) 明确红牌对象

红牌作战的实施对象如表7-3所示。

表7-3 红牌对象

设备	机械设备、刀具、模具、台车、栈板、堆高机、作业台、车辆、桌椅、备品
机械	复印机、文书处理机、电脑、传真机
空间	地板、棚架、房间
文书	通知、通告文书、仪事录、事务报告书、签呈、报价单、计数资料
库存	原材料、零件、半成品、制品
备品	文件夹、文件盒、橱柜、锁具、资料盒
文具	铅笔、圆珠笔、橡皮、夹子
其他	传票、名片、图书、杂志、报纸、图面、说明书等

(3)确立红牌基准

红牌作战的重点是整理,而整理的重点就是确定要与不要的东西。红牌基准如表7-4所示。

表7-4 红牌基准

项目	要	不要
机器	一周内用得到	一周内用不到
工具	经常要用	偶尔要用
材料	三天内用到	超过三天才用到

(4)制作红牌

红牌是指用红色的纸做成的6S管理问题揭示单。其中,红色表示警告、危险、不合格或不良。红牌的内容包括责任部门、问题描述和相应对策、要求完成整改的时间、实际完成的时间以及审核人等。如表7-5和表7-6所示为一些红牌示例。

表7-5 红牌示例（1）

部门			日期	
问题描述				
对策				
完成日期		审核		编制
验收结果				
验收日期		审核		编制

表7-6 红牌示例（2）

红牌	
类别	□原材料　　□半成品　　□半制品　　□制品　　□机械设备 □模具、治具　　□工具、设备　　□其他
品名	
编号	
数量	个　　　　　金额　　　　　元
理由	□不要　□不良　□不急　□边材　□不明　□其他
处理部门	
处理方式	□去弃　　□退回　　□移往红牌集中处 □另案保管　　□其他　　　　　　　　处理完
时间	贴附日期：　　　　　　　　　处理日期：
整理编号	

（5）贴上红牌

红牌作战小组每周到各部门贴一次红牌。

① 贴红牌时，须摒弃"所有东西都有用"的观念。

② 要先了解红牌作战的对象、基准。

③ 如有疑问或模棱两可，可先贴上红牌。

④ 不能由该部门的小组成员在自己部门的物品上贴红牌。

⑤ 不能使用黄色标签。

⑥ 部门主管如有异议应直接向委员会提出申诉，不可私自撕掉红牌。

(6) 红牌评价与处理

① 红牌记录：小组成员将贴附的红牌移往红牌集中处后，应予以记录。具体如表7-7所示。

表7-7 红牌纪录表

责任单位（人）　　　　　　　　　　　　　　　　　编号：

原因	
建议改善措施	
改善要求	
红牌位置	改善限期

处理结果：

确认人：

② 对不良品、不用品、留滞品和边材的处理措施：红牌作战小组将不良品和不用品作废弃处理，将留滞品移往红牌物品放置处，对边材进行判断并对不要的边材进行处理。

③ 发现设备对改善工作会造成一定的困扰或阻碍时，应作废弃处理。

3. 说明

① 红牌作战的目的不是处罚，红牌作战小组在实施过程中要向广大员工解释清楚，增强他们的参与感。

② 贴红牌的频率不宜过快，应给部门留出一定的整改时间。

③ 贴红牌时理由要充分、证据要确凿，要说明原因，以便整改。

④ 贴红牌时要区分严重程度，只有是实实在在的问题才可以贴红牌。

⑤ 贴红牌的对象可以是材料、产品、机器和设备等，但绝不能针对个人。

7.3.3 要点提示

红牌作战小组必须有针对性地贴红牌，各相关部门要及时整改红牌点。

7.4 油漆作战

油漆作战主要适用于清洁活动。在清扫阶段，最常见的做法就是搞一次彻底的清扫，员工把看得见和看不见的地方都清扫干净。但是，仅仅这样做并不够，只有实施"油漆作战"，才能彻底改变现场的面貌。

7.4.1 实景图片展示

作业区和通道区分明显，让人一目了然且又赏心悦目

图7-10

地面虽干净，但原来的线已经磨掉了，要重新进行区块划线

图7-11

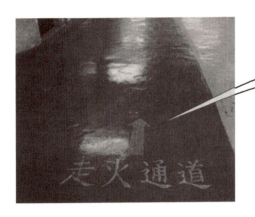

明确走火通道，利于发生火灾时人员紧急逃生

图7-12

划线明显，区分作业区与材料区，醒目又方便

图7-13

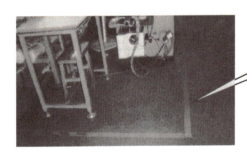

对作业区进行划线指示，让人一目了然

图7-14

干净的地板，醒目的线条，给人留下一种良好的视觉印象

图7-15

7.4.2 内容解读

1. 实施油漆作战

实施油漆作战时一般依照以下四个步骤。

(1) 油漆作战的计划

① 决定对象区域、设备等。

② 对处理前的状况进行记录、拍照等。

③ 确定标准，即规划区域、通道，决定不同场所使用油漆的颜色等。

④ 准备工具、材料。

⑤ 明确参与人员和责任分档。

⑥ 学习涂刷油漆的方法等。

实施人员最好先咨询油漆厂家，并在专家的指导下制作《油漆使用方法指导书》，对涂刷前的处理、涂装用具、溶剂、涂层的厚度、干燥的时间、配色等进行说明。

(2) 示范区试验

在全面涂刷油漆之前，企业要选定一个示范区或示范设备，按照事先确定的标准进行实验。实验的目的是为了确认该标准是否合适，实验后企业可以在听取多方意见的基础上对标准进行修改。

(3) 全面开展油漆作战

根据修改后的计划，企业管理者具体安排和开展涂刷油漆活动。

(4) 活动结束后

在活动结束后进行对比总结。

2. 油漆作战的具体做法

(1) 选择地板颜色

根据不同的用途，利用颜色区分地板。作业区可运用作业方便的颜色，休闲区则要用舒适、让人放松的颜色，具体的地板颜色如表7-8所示。

表7-8 地板颜色

场所	颜色
作业区	绿色
通道	橘色或荧光色
休闲区	蓝色
仓库	灰色

依据作业区的位置设立通道，注意要尽量少设置弯位。

（2）画线

确定地板的颜色后，接下来就是画线。画线的标准如表7-9所示。

表7-9 画线标准

区分		颜色	宽度	备注
区块画线		黄色	10 cm	实线
出入口线		黄色		虚线
信道线		黄色		箭头
老虎标记		黄色与黑色		黄与黑的斜纹
置物场所线	半成品	白色	5 cm	实践
	作业台	白色	5 cm	脚落线
	垃圾筒等	白色	5 cm	虚线
	不良品	白色	5 cm	实线

原则：黄线不可以踏，区块画线必须是实线。

画线的实施要点如下：

① 既可以使用油漆，也可以用有色胶带或压力板"画线"。

② 从通道和作业区开始画线。

③ 决定右侧通行或左侧通行（最好与交通规则相同，即右侧通行）。

④ 表示出入口的线应采用虚线。

⑤ 需注意之处或危险区域可画老虎标记。

表7-9中项目说明如下：

区块画线：即把通道与作业区的区块划分开的线。通常以黄线表示，也可以用白线表示。实施要点如下：

　　a. 画直线；

　　b. 做到清楚醒目；

　　c. 减少角落弯位；

　　d. 转角处要避免直角。

　出入口线：即勾画出人能够出入的线。通常用黄线表示，不可踩踏。画线要点为：

　　a. 区块画线是实线，出入口线是虚线；

　　b. 出入口线用于提示需确保此场所的安全；

　　c. 要彻底从作业者的角度设计出入口线。

　通道线：首先决定是靠左还是靠右的通行线。最好与交通规则相同，即靠右通行。画线要点是：

　　a. 采用黄色或白色的线条，要有箭头；

　　b. 不要忘记在楼梯上也要画线。

　老虎标记：老虎标记是指黄色与黑色相间的斜纹所组成的线，因与老虎色相似，故称之为老虎标记。画线要点为：

　　a. 清理易出危险的地方，如通道的瓶颈处、脚跟处、横跨通道处、楼梯等；

　　b. 老虎标记要很清晰，可用油漆涂上或贴上黑黄相间的老虎标记胶带。

　置物场所线：放置物品的地方称为放置场所。标示放置场所的标线即置物场所线。企业要特别把半成品或作业台等当做画线对象。画线要点为：

　　a. 清理出半成品等的放置场所；

　　b. 清理出作业台、台车、灭火器等的放置场所；

　　c. 通常是画白线，对不良品则用红线或醒目的线标识。

7.4.3 要点提示

　开展油漆作战时企业要选择合适的时机，要以不影响生产为前提，并注意实施过程中的安全性。

7.5 定置管理

定置即对生产现场、人、物进行作业分析和动作研究，使物品按生产需要、工艺要求科学地固定在特定位置上，以达到物与场所的有效结合，缩短取物时间，消除人的重复动作，促进人与物的有效结合。

7.5.1 实景图片展示

办公桌上实行定置管理，使办公桌上布局一目了然，物品使用后能迅速归位

图7-16

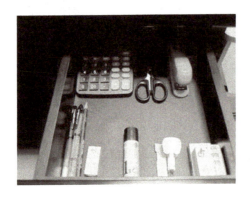

办公桌抽屉实行定置管理，使物品取放更便捷

图7-17

消防器材实行定置管理，使使用和检查都变得更方便

图7-18

工具实行定置管理，使工具取放更便捷，查找更方便

图7-19

7.3.2 内容解读

1. 定置管理的内容

定置管理的内容大致分为工厂区域定置、生产现场定置和办公室定置等。

（1）工厂区域定置

工厂区域包括生产区和生活区。

① 生产区包括总厂、分厂（车间）和库房。

a. 总厂定置包括分厂、车间界线划分，大件报废品摆放，改造厂房的拆除物临时存放，垃圾区划定，车辆停泊等。

b. 分厂（车间）定置包括工段、工位，机器设备、工作台、工具箱、更衣箱等。

c. 库房定置包括货架、箱柜、储存容器等的定置。

② 生活区定置包括道路建设、福利设施、园林修造和环境美化等。

(2) 生产现场定置

生产现场6S定置管理由质量部牵头管理，生产部、人力资源部分管相应的职能并负责组织实施，各单位配合。

生产现场6S定置管理范围：

① 根据生产和工作需要，合理设计生产现场定置图，对场所和物件实行全面定置。

② 对物品临时停滞区域定置，确定物品（成品、半成品、材料、工具）的停放区域。

③ 对工段、班组及工序、工位、机台定置。

④ 对工具箱定置。

⑤ 设备定置。

⑥ 消防器材定置。

⑦ 对易燃、易爆、有毒、易变质，容易发生伤人和污染环境的物品及重要场所进行定置。

⑧ 消防设施和安全通道等实行特殊定置。

⑨ 对垃圾、废品回收点定置。

(3) 办公室定置

办公室定置包括设计各类文件资料流程、办公桌及桌内物品定置、文件资料柜内资料定置等。

2. 定置管理的实施步骤

(1) 研究现场

组织者通过对现场进行研究，确定一个合理有效的方法，使定置管理实现科学化、规范化和标准化。

(2) 分析人、物结合状态

在工作场所中，A状态是良好状态，B状态是改善状态，C状态是需要彻底改造的状态，D状态是废弃状态。具体内容如表7-10所示。

表7-10　人、物结合状态表

代号	结合状态名称	含义
A	紧密结合状态	正待加工或刚加工完的工作
B	松弛结合状态	暂存于生产现场，不能马上进行加工或转运到下道工序的工作
C	相对固定状态	非加工对象，如设备、工艺装备、生产中用到的辅助材料等
D	废弃状态	各种废弃物品，如废料、废品、铁屑、垃圾及生产无关的物品

这是开展定置管理的第二个阶段，也是最关键的一环。定置管理的原则是提倡A状态，改善B状态，改造C状态，清除D状态，以达到提高工作效率和工作质量的目的。

（3）分析物流、信息流

在生产现场中需要定置的物品无论是毛坯、半成品、成品，还是工装、工具、辅具等都随着生产的进行而按照一定的规律流动着，它们所处的状态也在不断地变化，这种定置物规律的流动性与状态变化，称为物流。

随着物流的变化，生产现场也存在着大量的信息，如表示物品存放地点的路标，表示所取物的标签，定置管理中表示定置情况的定置图，表示不同状态物品的标牌，为定置摆放物品而划出的特殊区域等，都是生产现场中的信息。随着生产的进行，当加工件由B状态转化为A状态时，信息也随着物品的流动而变化，这就是信息流。

通过对物流和信息流的分析，员工要不断掌握加工件的变化规律和信息的连续性，并对不符合标准的物流、信息流进行改正。

（4）设计定置图

① 定置图分类，如表7-11所示（办公室、柜、桌）。

表7-11　定置图类型

车间定置图	要求图形醒目、清晰，且易于修改、便于管理。应将图放大，做成彩色图板，悬挂在车间的醒目处
区域定置图	即车间的某一工段、班组或工序的定置图，可将定置图张贴在班组区域中

续表

办公室定置图	做成定置图示板，悬挂于办公室的醒目处
库房定置图	做成定置图示板，悬挂在库房醒目处
工具箱定置图	绘成定置蓝图，贴在工具箱盖内
办公室定置图	统一绘制蓝图，贴于办公桌上
文件资料柜定置图	统一绘制蓝图，贴于资料柜内

② 定置图绘制原则如下：

a. 应将现场中所有物品绘制在图上。

b. 定置图绘制以简明、扼要、完整为原则，物形为实际物品的大概轮廓，按比例调整尺寸，相对位置要准确，区域划分要清晰鲜明。

c. 对于生产现场中暂时没有，但已定置并决定制作的物品，也应在图上标示出来，准备清理的无用之物则不得在图上出现。

d. 定置物可用标准信息符号或自定信息符号进行标注，并在图上加以说明。

e. 定置图应按定置管理标准的要求绘制，但应随着定置关系的变化而进行修改。

③ 定置图设计步骤如下：

a. 对场所、工序、工位、机台等进行定置诊断分析。此阶段的主要任务是：通过分析，找出经济合理的工艺路线、搬运路线以及合理的操作方法。

b. 制定A、B、C三类标准。

c. 设计定置图。

(5) 信息媒介物设计（包括信息符号设计和示板图、标牌设计）

① 信息符号。在设计信息符号时，如有国家规定的（如安全、环保、搬运、消防和交通等）应直接采用国家标准。对于其他符号，企业可根据行业特点、产品特点和生产特点进行设计。设计符号应简明、形象、美观。

② 定置示板图。定置示板图是现场定置情况的综合信息标志，它是定置图的艺术表现和反映。

③ 标志牌。标志牌是指示定置物所处状态、标志区域、定置类型的标志，包括建筑物标牌，货架、货柜标牌，原材料、在制品、成品标牌等。

(6) 实施定置

实施定置是定置管理工作的重点，包括以下三个步骤：

① 清除与生产无关的物品。生产现场中凡出现与生产无关的物品，员工都要清除干净，可制定判断物品要与不要的标准。

② 定置图实施定置。各车间、部门应按照定置图的要求，将生产现场的设备、器具等物品进行分类、搬、转、调整并予以定位。定置物要与定置图相符，位置要正确，摆放要整齐，要有储存器具。

③ 放置标准信息牌。放置标准信息牌时要做到牌、物、图相符，由专人管理，无关人员不得随意挪动。放置标准信息牌时要以醒目和不妨碍生产操作为原则。

(7) 检查与考核

① 定置管理的检查与考核一般分为以下两种情况：

a. 定置后开展验收检查，检查不合格的不予通过，必须重新定置，直到合格为止。

b. 企业定期对定置管理进行检查与考核。这是一项需要长期开展的工作，它比定置后的验收检查工作更为复杂和重要。

② 定置考核的基本指标是定置率，它表明生产现场中必须定置的物品已经实现定置的程度。其计算公式是：

$$定置率 = \frac{实际定置的物品个数（种数）}{定置图规定要定置的物品个数（种数）} \times 100\%$$

企业在考核定置率时，可以分项考核，再计算总的定置率，如考核工具箱的定置率、工位器具的定置率、操作者的定置率等。

企业定置管理考核应成立检查小组，每月定期检查1～2次。日常检查由生产科负责，将检查结果纳入经济责任制考核。

3. 生产现场的定置率管理

（1）区域定置

① A类区：放置A类物品。如在用的工、卡、量、辅具，正在加工、交检的产品，正在装配的零部件等。

② B类区：放置B类物品。如重复上场的工装、辅具、运输工具，计划内投料毛坯，待周转的半成品，待装配的外配套件及代保管的工装，封存设备，车间代管入库件，待料，临时停滞料（因工艺变更）等。

③ C类区：放置C类物品。如废品、垃圾、料头、废料等。

（2）设备、工装的定置

① 根据设备管理要求，按照精密、大型、稀有、关键、重点等类型对设备进行分类管理。

② 部门自制设备、专用工装经检验合格后交设备管理部门管理。

③ 按照工艺流程，部门将设备合理定置。

④ 部门对设备附件、备件、易损件、工装进行合理定置，便于加强管理。

（3）工位器具的定置标准化

工位器具是指在工作地或库房存放生产对象或工具的各种装置，如工具箱、工具柜、工件架等。工位器具标准化的主要内容如下：

① 必须按标准设计定置图。

② 工具摆放要符合定置图的要求，不准随意堆放。

③ 一律将定置图及工具卡片贴在工具箱内门壁上。

④ 工具箱的摆放地点要标准化。

⑤ 同工种、工序的工具摆放要标准化。

⑥ 编制工位器具图册。企业中使用的工位器具，若需自制时，最好统一设计、制造，并同已有的工位器具（包括外购的）汇集成册，也可以促使其实现标准化、统一化。

（4）现场各工序、工位、机台的定置标准化

① 必须有各工序、工位、机台的定置图。

② 要有图纸架、工艺文件等资料的定置规定。

③ 有工、卡、量具、仪表、小型工具、工作器具在工序、工位和机台停放的定置要求。

④ 有材料、半成品及工位器具等在工序、工位摆放的数量、方式的定置要求。

⑤ 附件箱、零件货架的编号必须同账、卡、目录相符，账、卡等信息要有流水号目录。

(5) 安全设施的定置

① 消防灭火器材的定置：周围画红色斑马线。

② 配电器材的定置：周围画红色斑马线。

③ 移动设备、易发生机械伤人的现场：画虎纹线。

(6) 操作者定置

① 人员实行机台（工序）定位。

② 某台设备、某工序缺人时，调整机台操作者的原则是保证生产不间断。

③ 培养多面手，提倡一专多能。

(7) 检查现场的定置

① 要有检查现场的定置图。

② 要划分不同区域并有不同颜色标示，如表7-12所示。

表7-12 现场区域颜色标识一览表

区域	颜色
成品、半成品待检区	蓝色
合格区	绿色
废品区	红色
返修区、待处理区	黄色

③ 可将小件物品装在不同颜色的大容器内，以示区别。

4．定置管理的实施要点

① 一定要按统一标准制作定置图，并尽可能按生产组织划分定置区域。

② 在推行定置管理时，物品的摆放、区域的划分等都需要使用各种信息

符号来表示，以达到直观的目的。

③ 对于那些易燃、易爆品，要实行特别定置。

④ 对于有储存期限要求的物品，在库存报表上要有关于时间期限的特定信号或标志，库存账本上应有序号和物品目录，注意保证账物相符。

⑤ 检查现场定置图，用不同的颜色区分不同的区域。

7.5.3 要点提示

企业应做好定置管理，并进行定期检查考核。

7.6 实践活动

运用学过的方法，对自己班级所属的教室和宿舍进行一次彻底的"6S"。